本丛书得到何东先生独资赞助

This series of books is financially supported exclusively by Mr. Eric Hotung.

20世纪中国文物考古发现与研究丛书

秦兵马俑坑

袁仲一／著

文物出版社

《20世纪中国文物考古发现与研究丛书》编辑委员会

一　秦始皇陵

二　一号兵马俑坑

三　二号兵马俑坑发掘现场

四　三号兵马俑坑

五　高级军吏俑(一号坑)

六　骑马俑（二号坑）

七　立射俑（二号坑）

八　彩色骑兵俑出土情况（二号坑）

九　彩色跪射俑出土情况（二号坑）

一〇　彩色跪射俑出土情况（二号坑）

20世纪中国文物考古发现与研究丛书

序 / 张文彬

俗称“锄头考古学”的田野考古学的诞生以及中国考古学学科体系的基本完善，由此而引起的古物鉴玩观赏著录向科学的文物学的转变，是20世纪中国学术与文化界的大事。它从材料与方法两个方面彻底刷新了持续了数千年之久的中国古代史学传统，不但为中国学术界和文化界开拓出更加广阔的研究天地，也为一切关心中华民族悠久历史和灿烂文明的人们不断地提供了可贵的精神滋养和力量源泉。

仰古、述古、探古，进而考古，向来为我国传统文化中一个明显的学术特点。先秦时期诸子百家发其端，汉代司马迁撰写《史记》，北魏郦道元作注《水经》。他们对相关的遗迹遗物，尽可能地做到亲自考察和调查，既能辨史又可补史。这种寻根追源的治学态度，为后世学术上的探古、考古树立了榜样。此后，山河间的访古和书斋式的究古相继开展，特别是对古器物的研究，成了唐、宋时期的文化时尚。不少学者热衷于青铜铭文、碑刻、陶文、印章等古文字的考释，进而有了对器物的辨伪鉴定、时代判断、分类命名等，逐渐兴起了一门新的学问——金石学，涌现出许多著名的古器物鉴赏家和收藏家。只是囿于当时的历史条件，金石学家们无法了解所见文物的出土地点和情况，也难以涉及史前时代漫长的演进历程，因而长期以来始终脱离不了考证文字和证经补史的窠臼。即使如此，他们的艰辛努力和取得的成绩，还是为推动我国传统文化的发展起到了积极作用，并且在事实上也为中国考古学和中国文物学的起步铺设了最早的一段道路。

20世纪初，近代考古学由西方传入。中国学者继承金石学的研究成果，学习并运用西方考古学方法，开始从事田野考古，通过历史物质文化遗存，探寻和认识古代社会，揭示人类社会发展规律。早在1926年，中国学者就自行主持山西南部汾河流域的调查和夏县西阴村史前遗址的发掘。随后，我国学者同美国研究机构合作，有计划地发掘周口店遗址，发现了北京猿人。从1928年起至1937年，连续十五次发掘安阳殷墟遗址，取得了较大收获，引起了国内外学术界的重视。自20世纪50年代以后，随着国家大规模经济建设的进行，田野考古勘探、调查和科学发掘工作在全国范围内蓬勃有序地开展，许多重要的典型遗址和墓地被揭露出来，重大发现举世瞩目。它们脉络清晰，层位分明，文化相连，不仅弥补了某些地域上的空白，而且衔接了年代上的缺环，为研究中国古代史、文化史、科学史以及其他学科领域，提供了珍贵、丰富的实物资料，极大地影响着人文社会科学诸多学科专业的研究与发展。这段时间被学术界称为中国考古学的黄金时代。在马列主义理论指导下，具有中国特色的考古学理论体系和方法论逐渐形成。有关研究成果不仅极大地改变和丰富了人们对中国文明起源、中国古史发展等重大问题的认识，同时也扩展了中国文物的研究领域和研究方式。可以说，考古学的发展与进步，直接影响到文物学的形成与发展，而且影响到全社会对文化遗产重要作用的认识以及世界学术界对中国古代文明的重新认识。

从20世纪80年代开始，文物界就中国文物学的创立，逐渐取得共识，在共同探讨的基础上，初步形成了学科体系。不少学者发表了有关论文，出版了专著，就文物的历史价值、科学价值、艺术价值以及在社会主义的物质文明与精神文明建设中如何对文物进行有效保护、合理利用发表意见。这些研究成果已获得学术界的赞同。

在这世纪之交和千年更替之际，对中国考古学和中国文物事业作一次世纪性的回顾和反思，给予科学的总结，是许多学者正在思考和研究的问题。如果能通过梳理20世纪以来重大发现和研究成果，透视学科自身成长的历程，从而展望未来发展的方向，以激励后来者继续攀登科学高峰，无疑是一件很有意义的事。为此，经过酝酿、商讨和广泛征求意见，我们约请一批学者（其中有相当多的中青年学者）就自己的专长选择一个专题，独立成篇，由文物出版社编辑出版一套《20世纪中国文物考古发现与研究丛书》，并以此作为向新世纪的献礼。

从某种意义上说，《20世纪中国文物考古发现与研究丛书》是一套学科发展史和学术研究史丛书。其内容包括对20世纪考古与文物工作概况的综合阐述；对一些重要的考古学文化和古代区域文化研究情况的叙述；对文物考古的专题研究；对重要的文物考古发现、发掘及研究的个例纪实。

此套丛书的内容面广，而且彼此关联。考虑到各选题在某些内容上难免会有重叠或复述，因此在编撰之初，我们要求各选题之间互有侧重，彼此补充，以期为读者了解 20 世纪中国考古学和文物学的发展提供更多的视角。

我国的文物与考古工作，虽在 20 世纪得到了迅速发展，但仍有许多重大学术问题需要进一步探索。我们主持编辑这套丛书，除了强调材料真实，考释有据，写作态度严谨求实外，也不回避以往在工作或研究上曾经产生的纰漏差错和不足之处，以便为今后的工作和研究提供借鉴。虽然我们尽了很大努力，但限于水平，各篇仍很难整齐划一。由于组稿和作者方面的困难和变化，一些计划之中的题目也未能成书。这些不周之处，敬请专家、学者和广大读者批评指正。

在丛书编印过程中，我们得到了文物、考古界的广泛支持。何东先生在出版经费上给予了热情帮助。在此，一并深表感谢。

2000 年 6 月于北京

目　　录

插 图 目 录

前言

秦始皇陵兵马俑，这个人类文明史上的伟大奇观，自1974年发现以来就以其大、多、真的特征，受到世人瞩目。俑坑的规模宏伟，一、二、三号兵马俑坑占地面积达2万余平方米。陶俑、陶马的形体高大，和真人、真马的大小相似；数量众多，三个坑内共有陶俑、陶马约八千件；形象逼真，容貌神情各不相同。它模拟军阵，一列列、一行行的排列有序，像个庞大的地下军团，气势恢弘。

兵马俑坑采取边发掘、边开放的方式。自1979年10月1日，秦始皇兵马俑博物馆开馆以来，已接待国内外观众四千多万人次。另外，兵马俑还到二十多个国家和地区的七十多个城市展出，累计观众约一千万人次。兵马俑受到人们的普遍喜爱，被誉为“世界第八奇迹”、“20世纪考古史上的伟大发现之一”。兵马俑坑和秦始皇陵一起，已被联合国教科文组织列入世界文化遗产名录。它不但是中国人民的珍贵文化遗产，也是全人类的宝贵文化财富。

兵马俑丰富的文化内涵，引起了国内外学术界专家、学者的浓厚兴趣。他们进行了多学科、多层次的研究，发表了一系列的论文和专著。据初步统计，已出版有关秦俑的专著十余部、通俗性的书籍三十余本，发表论文近千篇，一般通俗性的文章数量更多，在学术上呈现一派繁荣的景象。

秦俑的研究是由浅入深、由微观到宏观逐步展开的。其发展过程大体可分为前后两个阶段。1974～1984 年为第一阶段。这期间随着一、二、三号兵马俑坑发掘简报资料的相继发表，学术界开展了对俑坑军阵的编列、秦俑艺术、秦俑的制造工艺、秦俑的服饰及服色、俑坑出土青铜兵器制造工艺等方面专题问题的探讨，发表了一批论文。这些论文的作者多为考古界、文博界和美术界的一些专家、学者，其他领域的有关专家的文章较少见。一些国家和地区关于兵马俑的宣传报道连篇累牍，各种媒体均已介入，使兵马俑开始走向世界，几乎变成家喻户晓、人人皆知。在众多的文章中影响最大的是奥德瑞·托平的《中国第一个皇帝的军队——中国惊人的发现》一文（美国《地理杂志》1978 年第 4 期）。有关兵马俑专题研究性的文章，除台湾《雄师》杂志发表的几篇关于秦俑艺术评介的文章外，相对说来在海外一些刊物上还比较少见。在此期间随着对秦始皇陵园调查、钻探工作的逐步展开，一些新的重要的遗迹、遗物相继发现，有关简报资料也陆续发表。尤其是秦始皇陵铜车马发掘资料的公布，使对兵马俑的研究渐次向陵区伸延，和对秦始皇陵园建制的研究结合起来，进一步拓展了研究的范围。

1985～1999 年为第二阶段。此间是兵马俑的研究工作向纵深发展的重要时期。其主要特征如下：第一，对兵马俑的研究进一步深化，提出了许多研究的新课题。例如，兵马俑坑的性质、秦俑的主体思想、秦俑的制作者、秦俑艺术的渊源、秦俑艺术在中国雕塑艺术史上的地位、秦俑的属主、秦俑的兵种、编列的阵法、武器和防护装备、指挥系统等。关于兵马俑坑出土文物保护问题的研究也日见增多，如秦俑彩绘颜色的保护、青铜兵器的保护、秦俑坑出土遗迹的保护、土遗址的保护以及防霉、防震、防污染等问题的研究。在保护科学方面发表了许多文章，并有专著问世。第二，以兵马俑坑出土文物的丰富文化内涵的研究为基点，向秦代历史和秦文化方面的研究拓展。把兵马俑坑出土的考古资料与文献资料结合起来，以探讨秦代的政治、经济、军事、文化、科技、社会生活、价值观念等多方面的问题。历史学界、文物考古界、美术界以及多种自然科学领域的众多先生都投入到了这一研究中来，发表了许多精辟的见解，促进了秦俑和秦文化研究的发展。第三，研究的学术气氛浓厚，成果累累。1986 年成立了秦俑学研究会，先后召开了四次大型学术研讨会。每次会议都有众多的国内外学者参加，各种不同的学术观念互相交流。为互通学术信息、交流研究成果，秦俑馆于 1986 年创办了《秦陵秦俑研究动态》季刊，陕西省文物系统主办的《文博》双月刊杂志辟有《秦俑与秦文化》专栏，另外还有每年出一辑的《秦文化论丛》以及预计出版三十册的《秦俑、秦文化丛书》（现已出版十册）等。这些都起到了巩固和扩大研究队伍和及时反映研究新成果的良好作用。这一时期一些专著相继出版，如《秦始皇陵兵马俑坑一号坑发掘报告（1974～1984）》、《秦始皇陵兵马俑研究》、《秦俑研究文集》、《秦俑学研究》、《秦始皇陵兵马俑文物保护研究》等十余部。另外，还有《秦始皇帝陵》、《秦始皇陵铜车马发掘报告》、《秦始皇陵铜车马修复报告》、《秦陵铜车马与车马文化》、《秦代陶文》、《秦始皇帝评传》等十余部与秦俑相关的专著问世。台湾、香港地区以及日本、美国、韩国、德国、法国等都有著述发表。关于秦俑、秦文化的研究呈现出空前的活跃局面。

在中国文明发展的历史长河中，秦文化这朵奇葩起着承上启下、继往开来的作用。它基本上奠定了灿烂的汉文化的基础，对后世有着深远的影响。因此，秦俑、秦文化的研究对于了解中国的文明史有着重要的意义。

目前，秦俑、秦文化的研究正方兴未艾。随着秦俑和秦始皇陵园考古工作的深入发展，新的遗迹、遗物将会不断地发现，必将促进研究工作进入一个新阶段。今后要在微观研究的基础上加强宏观研究，以揭示其深刻的文化内涵和发展规律。要深入开展多学科、多层次的研究，利用现代化的科学手段来捕捉遗迹、遗物所蕴涵的各种文化信息。秦俑坑这个具有世界影响的大型遗址，是一座古文化的富矿，是研究古代军事史、文化史、科技史的宝库，是了解秦代的社会生活、价值取向、审美观念等诸多问题的窗口。秦俑的研究有待于社会科学和自然科学等各学科的专家群策群力，再接再励，以推动研究工作的深入发展，取得更丰硕的成果。

子林，并成为周围村民的一片墓地，十分荒凉，经常有狼出没（图一）。

在这片荒凉贫瘠的地下，谁也没有想到会埋藏着八千件兵马俑。1974 年 3 月，西杨村的村民在这里挖井，偶然发现了一些陶俑的残片，不知是何物。有的说可能是挖到旧的砖瓦窑上了。继续往下挖又出土了陶俑的残破躯干及头，于是认为这是一座瓦爷庙（即神庙）。有些年龄大的老太太前来焚香叩头，祈求神灵保佑平安。这时恰巧当地的公社（乡）干部房树民先生来西杨村检查挖井的进展情况。他看到井下、井上的一些陶俑残片，认为可能是文物，叫大家把工程停下来。他立即回去向上级领导作了汇报。临潼区（当时称县）文化馆的文物干部赵康民先生闻讯后急忙赶到现场进行考察，搜集了失散的文物，后又作了局部的清理，并对已出土的陶俑进行了修复。

新华社的记者蔺安稳先生回临潼家乡探亲，在文化馆内看到已修复好的陶俑。他回到北京后，写了篇《秦始皇陵出土一批秦代武士陶俑》的文章，刊登在《情况汇编》上。这篇文章引起了当时的国务院副总理李先念的重视，并作了批示："建议请文物局与陕西省委一商，迅速采取措施，妥善保护好这一重点文物。"国家文物局接到批示后，立即派陈滋德先生会同有关考古专家到秦俑出土现场考察，事后决定委托陕西省组织考古队进行发掘。

1974 年 7 月 15 日，秦俑考古队进驻工地。7 月 17 日对秦俑坑开始正式的勘查和清理。首先对已暴露的遗迹、遗物进行记录、绘图和照相，并在原来已挖掘的部分继续清理。到 7 月底，坑内的建筑遗迹已揭露出来。8 月 1 日开始扩方试掘。扩方后的试掘面积，南北长 24 米，东西宽 14 米，共计 336 平方米。到 10 月底试掘方内的陶俑、陶马已全部清出。接着于 11 月 2 日，在西北大学考古专业师生的支援下，于上述试掘方的北侧又开了两个试掘方，共计 629 平方米。1975 年 3 月清理结束。至此，一号俑坑的东端已全部揭示出来，共计出土陶俑五百余件、战车六乘、陶马二十四匹。

在试掘的同时，为了摸清俑坑的范围，从 1974 年 8 月开始钻探，至 1975 年 6 月基本上探清了俑坑的范围、形制及其内涵。它是一个东西长 230 米、南北宽 62 米的大型兵马俑坑，即一号坑。这一巨大的发现引起了国家文物局和中央领导的高度重视，决定在原地建一座大型遗址博物馆。为给博物馆的建设工程及今后的全面发掘提供确切的资料，从 1975 年 10 月底开始，秦俑考古队对一号俑坑的范围、形制和内涵又进行了详细地复探和试掘。复核工 作于 1976 年 1 月底结束，把俑坑的四周边线及四个角清晰地揭示出来，俑坑的文化内涵也基本摸清。复查的结果与原来探测的资料完全相符。

1976 年 9 月，修建一号兵马俑坑遗址保护大厅的基建工程正式破土动工。在动工前把一号坑的原试掘方全部回填，以确保基建过程中文物的安全。接着，秦俑考古队把工作的重点转移到寻找新的兵马俑坑。

1976 年 4 月 21 日，在一号兵马俑坑的东端北侧的一片树林内钻探时发现夯土遗迹，于是集中力量在此处钻探。4 月 23 日，发现陶俑残片。5 月初基本上探清了俑坑的范围。这是一座面积约 6000 平方米的大型俑坑，编号为二号兵马俑坑。为了摸清二号坑的具体形制和内涵，在获得国家文物局的批准后，对二号俑坑进行了局部试掘，共计开十九个小型试掘方，面积为 170 平方米。在试掘方内出土木质战车十一乘（车已朽，仅存遗迹），拉车的陶马六十七匹，骑兵的陶质鞍马二十九匹，骑士俑三十二件，其他各类武士俑一百九十二件，青铜兵器及车马器一千九百二十九件。根据钻探和试掘情况来推断，全坑共有陶俑、陶马一千四百余件，有战车、骑兵、步兵等不同的兵种。俑的姿态多样，有跪射俑、立射俑、骑兵俑等。二号坑是兵马俑坑中的精华。

二号兵马俑坑发现后，秦俑考古队在周围地区继续扩大规模进行钻探。1976 年 5 月 11 日，在一号俑坑的西端北侧又发现了三号兵马俑坑。同年 6 月底基本探清了三号坑的范围。三号坑的面积较小，约 520 平方米。1977 年 3 月至 12 月，对三号兵马俑坑进行了发掘，共计出土木质战车一乘（已朽）、陶俑和陶马七十二件、青铜兵器三十四件以及其他一些遗物。

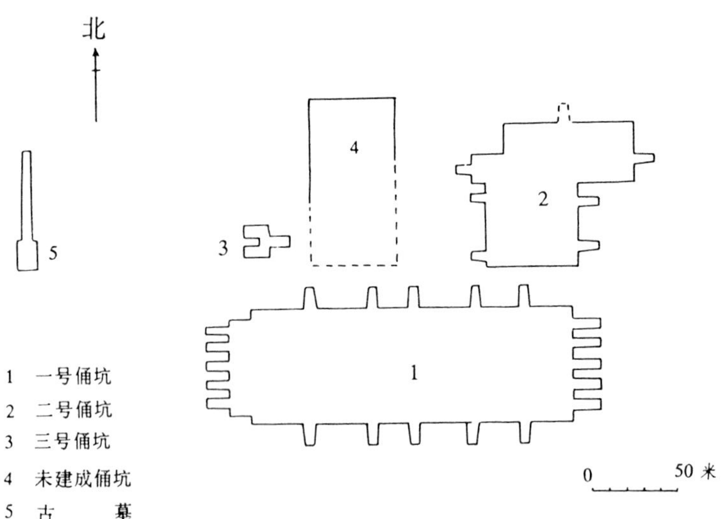

图二　秦始皇陵兵马俑坑平面示意图

1976年6月，在一号俑坑的中部北侧还发现一个未建成的兵马俑坑，面积约3600平方米。因坑内未放陶俑、陶马，因此人们计算兵马俑坑时不把此坑算在内。此坑未建成的原因可能是因为秦末农民大起义而被迫停工。一、二、三号兵马俑坑和这座未建成的四号坑应是一个有机的整体，是秦始皇陵的一组陪葬坑（图二）。

在对一、二、三号兵马俑坑钻探和试掘的过程中，发现东汉时的墓葬五座、近现代墓葬二十余座、古井三眼、大扰坑一个。这些均位于俑坑内，都挖在了陶俑、陶马身上，说明历史上曾数十次有人看到过兵马俑，由于不知是何物，因而与其失之交臂。1974年兵马俑的出土看似偶然，其实带有必然性。因为它埋葬得不深，只要在此动土就会发现。

（二）兵马俑坑的正式发掘

1. 一号兵马俑坑的正式发掘

1978年4月，一号兵马俑坑遗址保护大厅的主体工程竣工。同年5月8日开始正式发掘。全坑共划分二十七个探方，每方为20×20米。发掘工作大体分为两个阶段。第一阶段从1978年5月至1979年4月，主要是揭取俑坑上部覆盖的表土，到接近坑顶的棚木遗迹为止，为进一步的发掘作准备。第二阶段从1979年5月至1981年9月，集中力量清理一号俑坑东端的五个探方（T1、T2、T10、T19、T20），面积共2000平方米。其中T1、T10、T19三个方，基本属于原来试掘方的范围。把回填土清除后作进一步细部的清理。另两个方是新开方，采用逐层清理，并做好记录、绘图、照相等资料的收集工作。

五个发掘方内共计出土木质战车八乘，拉车的陶马三十二匹，各类武士俑一千零八十七件，青铜剑、铍、戟、戈、矛、金钩、弩机等兵器四百八十六件，成束的铜镞二百八十束（一束为一箙，约百支），零散的铜镞一万零八百九十五件。另外，还有大量的车马器以及大批兵器和建筑等的遗迹。

一号兵马俑坑采用边发掘、边展出的办法。1979 年 10 月 1 日，秦始皇兵马俑博物馆正式开馆，一号坑发掘现场对外开放。这种方式受到国内外观众的欢迎，每年都有一、二百万人前来参观。

1986 年 4 月，对一号兵马俑坑进行了第二次正式发掘，又开了五个探方，面积为 2000 平方米。到 1987 年初停工，又出土陶俑、陶马近千件以及大批的车马器、兵器和各种各样的遗迹。

通过钻探、试掘和上述两次正式发掘，对一号俑坑的形制、建筑结构以及陶俑、陶马排列的规律等许多问题已基本清楚。估计一号坑内约有战车五十余乘、陶俑陶马约六千件，是以步兵为主、战车与步兵相间排列的大型军阵。

2. 三号和二号兵马俑坑的正式发掘

三号兵马俑坑于 1977 年曾进行过发掘，仅把陶俑、陶马上部的覆盖土揭去，未向下作细部清理，旋即回填。1988 年 9 月底，三号俑坑遗址保护大厅建成。12 月 19 日开始正式发掘。先清除回填土，接着进行细部清理，并提取部分文物进行修复。1989 年 9 月 27 日，清理工作基本结束，并正式对外展出。

二号兵马俑坑于 1977 年试掘后进行了回填。1993 年底，二号俑坑遗址保护大厅的基建工程全部竣工。1994 年 3 月 1 日对二号坑开始进行正式发掘。发掘前由国家文物局主持在北京召开了发掘方案专家论证会，并成立了由国家文物局领导的二号俑坑发掘专家组，用以具体指导二号坑的发掘和文物保护工作。

二号俑坑共划分 20×20 米的探方二十四个，每个探方又以十字隔梁分隔为四个小区，以便控制地层和遗迹、遗物的分布情况。发掘工作分为三个阶段。第一阶段清理俑坑上部覆盖的土层，把坑顶的棚木遗迹全部揭示出来；第二阶段清理原来的试掘方及二号坑的北半部；第三阶段清理二号坑的南半部。对出土的各种遗迹、遗物都注意有一部分保持原样，以使人们获得更多的古文化信息。

1997 年底，第一阶段的发掘任务基本告一段落。二号坑的边墙、隔墙、门道、封门木以及面积达 5000 余平方米的棚木遗迹全部被揭示出来。棚木跌宕起伏，像一幅蕴涵着历史沧桑的宏伟画卷。俑坑内遗留有修俑坑工人的足印、鞋印、工具痕迹；门道上遗有工人向坑内运送东西时留下的车辙遗迹，有双轮车、亦有独轮车的车辙遗痕。另外，还有工人烤火的痕迹以及暴雨冲刷的水流迹象，说明二号俑坑的修建曾历经寒暑。

从 1998 年 3 月开始，二号俑坑的发掘转入第二阶段。目前，此项工作仍在进行中。已出土陶俑、陶马约四百件，有车兵、骑兵和跪射、立射的弩兵。尤其难能可贵的是出土了一批颜色保护基本完整的彩色俑，使人们得以窥见兵马俑绚丽多彩的原始风貌。

二号俑坑也是采取边发掘、边开放的方式。人们在这里既可以看到陶俑、陶马及各种遗迹、遗物出土的原貌，又可以看到考古工作者是如何进行发掘和文物保护的。

一、二、三号兵马俑坑占地面积达2万余平方米，其中埋葬着陶俑、陶马约八千件，堪称丰富的文物宝库，是中国考古史上的一次重大发现。

二 兵马俑坑的形制与建筑结构

（一）俑坑的形制

关于三个兵马俑坑的形制和建筑结构方面的有关资料，《秦始皇陵兵马俑坑一号坑发掘报告》[1]、《秦始皇陵东侧第二号兵马俑坑钻探试掘简报》[2]、《秦始皇陵东侧第三号兵马俑坑清理简报》[3]等已作了比较详细的报道，并为国内外学术界广泛引用。现将上述资料的基本要点及有关问题简述如下：

一、二、三号兵马俑坑都是地下巷道式的土木结构建筑，原坑顶的封土约高出地表 2～3 米，外观像低矮平顶的土丘。后来兵马俑坑塌陷夷为平地。此处位于骊山的北麓，山洪暴发，砂石俱下，两千多年来这里已变成一片荒瘠的砂石滩。

1. 一号俑坑的形制

三个兵马俑坑的建筑形制、平面布局各不相同。一号兵马俑坑呈东西向的长方形，东西长 230 米，南北宽 62 米，距现地表深 4.5～6.5 米，面积为 14260 平方米。俑坑的东、西两端各有一条南北向的长廊。在两端的长廊之间有十条东西向的夯土隔梁，把俑坑分隔成十一个东西向的过洞，每个过洞长约 180 米。俑坑的四边各有五个斜坡形的门道，南、北两侧的门道长 12 米，东边的门道长 15 米。西边的五个门道形制比较复杂，中门道和南、北两侧的门道均分为前后两段。前段呈斜坡形，长19.8米；后段为10米长的甬道。甬道的东口与俑坑西端的长廊相接。俑坑西边的另外两个门道为斜坡形，未见甬道，斜坡道西口已遭破坏，原长度不明。综观一号兵马俑坑建筑的平面布局比较简单、规整。它是由东、西两端的长廊、十一条东西向的过洞以及四周的二十个门道组成。这种布局是根据军阵编列的需要设计的。东端的长廊内置有作为军阵前锋的步兵俑；西端长廊内放置作为军阵后卫的步兵俑；南北两侧的过洞里置有作为军阵翼卫的步兵俑；中间的九个过洞内是战车与步兵相间排列的军阵的主体。俑坑坐西面东，除后卫及两侧翼卫的步兵俑外，其余兵马俑均面向东方。

2. 二号俑坑的形制

二号兵马俑坑位于一号俑坑的东端北侧，两坑相距20米。二号俑坑的形制比较复杂，平面呈曲尺形。俑坑的东边有四个门道、西边有五个门道，北边有两个门道，门道均呈斜坡形。二号坑东西长124米（包括门道），南北宽98米（包括门道），距现地表深约5米，面积约6000平方米。二号俑坑的平面结构，大体可分为如下四个单元：

第一单元，位于二号坑的东端，即曲尺形的端部。东西长26.6米，南北宽38米，面积为1010.8平方米（不含门道）。它四面环有长廊，中部有四条东西向的过洞，过洞与过洞之间以夯土墙相隔。四周长廊内放置的是立射步兵俑，中间的四个过洞内放置的是跪射步兵俑，俑均面朝东方。

第二单元，位于二号坑的右侧，东西长52米，南北宽49米，面积为2548平方米。其东西两端各有一南北向的长廊，两端长廊之间有八条东西向的过洞，过洞与过洞之间以夯土墙相间。长廊内没放置陶俑、陶马，每个过洞内置有前后相次排列的八乘战车。

第三单元，位于二号坑的中部。其东端和一单元西端的长廊相邻，二者间以夯土墙相间，墙上辟有小门以资相通。其左右两边和二、四单元相邻。此部分东西长 68 米（不含门道），南北宽 16 米，面积为 1088 平方米。有三条东西向的过洞，过洞与过洞之间以夯土墙间隔，西端有一南北向长廊。长廊内未放置陶俑、陶马。过洞内放置着十九乘驷马战车，每乘车后都有若干步兵俑，最后以骑兵俑作为殿军。

第四单元，位于二号坑的左半部。其东端和一单元西端的长廊相邻，二者间以夯土墙相隔，隔墙上辟有小门以资相通。此部分东西长 50 米，南北宽 20 米（长、宽均未含门道），面积 1000 平方米。有三条东西向的过洞，过洞与过洞之间以夯土墙相隔，西端有一南北向长廊。长廊内未放陶俑、陶马，过洞内有骑兵俑排列的长方形军阵。

以上四个单元相对的独立，可以自成体系，又彼此密切相连，形成多兵种混合编列的曲尺形军阵，坐西面东，陶俑、陶马均面朝东方。

3. 三号俑坑的形制

三号兵马俑坑位于一号坑的西端北侧，两坑相距 25 米。三号坑的建筑形制比较特殊，平面呈“凹”字形，东边有一斜坡门道。东西长 28.8 米（含门道长），南北宽 24.57 米，面积约 520 平方米，距现地表深 5.2～5.4 米。其平面布局分为南、中、北三区，三区连接成一体，坐西面东。

中区，位于三号坑的中部，东边和门道西口相接，交接处以一排立木封堵。左右两侧和南、北区相连。平面近似方形，东西长 5.8 米，南北宽 3.9 米。此区有战车一乘，车前驾有四匹陶马，车上有陶俑四件，陶俑、陶马面东排列。

南区，平面呈“土”字形，由长廊、甬道、前厅、后室四部分组成。长廊呈南北向的长方形，长 7.65 米，宽 3.2 米。内有陶俑八件，贴东、西两壁面相向作夹道式排列。长廊的西侧中部和甬道相连。甬道东西长 4 米，南北宽 3.7 米。内有武士俑六件，分作南、北面相向夹道排列。甬道的西口和前厅相接。前厅呈南北向的长方形，长 5.8 米，宽 3.2 米。内有武士俑二十四件，分作南、北面相向排列。前厅的西侧中部和后室相连。后室呈东西向的长方形，长 3.7 米，宽 1.6 米。内有武士俑四件，分作南、北面相向排列。

北区，平面呈“T”字形，由长廊和大厅两部分组成。长廊呈南北向的长方形，长 6.3 米，宽 2.4 米，里面未置陶俑。长廊的西侧中部和大厅的东口相连。大厅呈东西向的长方形，长 8 米，宽 4 米。内有武士俑二十二件，分作南、北面相向作夹道式排列。

在北区的长廊与大厅的交接处、中区与南区长廊部分的交接处、南区的前厅与后室的交接处，都发现有门楣遗迹。后两处的门楣木上各有四件带柄铜环，用以悬挂幕帘，说明原来各区及各区的厅室之间是以帘相隔。中区与门道之间以封门木相隔。此坑构成一座幕府式的地下建筑结构。

（二）俑坑的建筑结构

1. 俑坑建筑的立体结构

一、二、三号兵马俑坑，都是土木结构的地下建筑。坑顶的封土略微高出地表，封土上未发现任何建筑遗迹。构筑的方法：首先根据三个俑坑的大小和不同的形制挖成土圹。在土圹周边的内侧包镶夯土的二层台。土圹的底部用填土逐层夯筑成厚约 70 厘米作为地基。再在土圹内部的地基上筑成一条条的夯土隔墙。在隔墙的左右两侧及土圹四周壁面的内侧密排木质立柱，立柱的间距 1～1.75 米。柱的下端有横置的枋木作为地栿。立柱的顶端承托着梁枋，从而构成井口枋式的木构立体框架。在此框架及夯土隔墙和坑四周的二层台上搭盖密集的棚木。棚木上局部覆盖一层芦席或竹席，再覆盖黄土逐层夯筑，以形成坑顶。坑顶的封土高出地表。根据俑坑内塌陷填土的厚度加以复原，坑顶似高出当时的地表 2～3 米。俑坑的底部用条形青砖墁铺。坑底至坑顶内部的空间高度为 3.2 米。把陶俑、陶马放进俑坑后，即把四周的门道用立木封堵，门道内用夯土填实，于是就形成了一座封闭式的地下军事营垒（图三）。

图三　一号兵马俑坑剖面示意图（局部）

2. 建材及建筑技术

上述是一、二、三号兵马俑坑立体结构的基本情况。在建筑技术和细部处理以及建材方面的一些问题，《秦始皇陵兵马俑研究》[4]已作过综合性的探讨。现将其要点并结合新出土的资料略述如下：

(1) 建材。兵马俑坑所用的建材主要是木料、砖和席子，其余均为土方工程。三个俑坑所用的木料，经检测基本上都是松、柏木，个别的为榆木。立柱、梁枋和地栿都是枋木，棚木基本上都是圆木。圆木直径30～40厘米，个别的直径达65厘米；一般长4～8米，个别的长达12米。根据出土的木构遗迹和俑坑木构的覆盖面积计算，三个俑坑共用木料约8000立方米。关于木料的来源，据《史记·秦始皇本纪》记载："隐宫徒刑者七十余万人，乃分作阿房宫，或作丽山。发北山石椁，乃写蜀、荆地材皆至。"这说明木料来源于四川、湖北等地。

三个俑坑内的铺地砖，规格多样，有大型条砖（42×19.5×9.5厘米）、中型条砖（41.5×14×9.5厘米）、小型条砖（28×14×7厘米）、近似方形大砖（23×19.5×9.5厘米）等，其中以小型条砖的数量最多。砖基本上都是青灰色，个别的为橘红色，表面饰细绳纹，质地坚硬，烧成温度约950～1000℃。三个俑坑铺地用砖的数量多达二十五万六千余块。如果再加上秦始皇陵园大量的地面宫殿建筑用的砖瓦，其数量大的惊人。大型条砖上多有印文，如左司空婴、右司空尚、宫水壴、寺颠、都昌等。左右司空和宫水是少府的属官。寺颠的"寺"是寺水的省称，也属于少府管辖。都昌的"都"是都船的省称，是中尉的属官。婴、尚、壴、颠、昌等都是制造砖瓦的陶工名。他们分别属于上述各个中央官府的制陶作坊。各人生产的砖分别打上自己的戳印，以便上级稽核产品的质量和数量，即《吕氏春秋·孟冬纪》所云：“物勒工名，以考其诚；工有不当，必行其罪，以穷其情。”正是在这种严酷的生产质量检查制度的控制下，俑坑出土砖的质量都较高，虽埋在地下两千多年，仍棱角分明，敲击时有金属的铿锵声。

三个俑坑在局部棚木上平铺一层席子，目的是防止上部的泥土漏入坑内，起到密封的作用。席子有芦席和竹席两种，编织方法相同，均为人字形纹样。

（2）建筑技术和细部处理。三个俑坑和秦代的地面建筑一样是土木结构，承托顶部重量主要靠夯土墙。所有的立柱均为壁柱，辅助夯土墙起承重作用。秦都咸阳一号、三号宫殿遗址及秦始皇陵园的地面宫殿建筑都是如此。夯土墙采用传统的板筑方法。木质结构为梁柱式构架。立柱的间距为1～1.75米，排列整齐，均衡对称。柱头与梁枋的交接处发现有榫卯结构。柱下无石础，而设有地栿木。角柱有的为双柱，以增强木构架的稳固性能。这是梁柱式构架的早期特征。

二号俑坑顶部有一根挨一根密集搭盖的棚木。两根并列的棚木之间有的采用铁扒钉把二者连成一体；有的采用榫卯结构，即把两根棚木相连的侧面各凿一方形深卯孔，用长方形木块的两端分别插入两根棚木的卯孔内，从而把二者连成一体；有的是把两根棚木的正面凿成亚腰形的卯口，把同样形状的木块嵌入卯口内，使二者固为一体。一号俑坑因棚木全部被焚，连接棚木的榫卯结构已无法得知。因出土有亚腰形、“T”字形铁栓板，说明一号坑的棚木间曾用铁栓板连接。

二号俑坑的棚木，每根的表面都包裹一层厚1～3厘米的青膏泥。泥质细密、均匀、坚实，具有隔湿防潮、减缓微生物

图四　二号兵马俑坑棚木遗迹图（局部）

侵蚀的防腐作用。青膏泥的成分与南方汉墓出土的用以防腐的白膏泥不同，后者含有高岭土，青膏泥不含高岭土，而含有大量的方解石成分。据初步分析，它是将石灰、青色砖粉与土加水调和而成（图四）。另外，在一号兵马俑坑东部的棚木上，发现大面积的覆盖一层的红色胶泥土，是由红色粘土、石灰及细砂加水混合而成，结构密实、坚硬，亦具有隔湿防潮的作用。这说明对一、二号俑坑顶部的棚木分别采用了不同的防腐保护措施。

(3) 砖墙。在一号兵马俑坑的东南角东端一号门道的南侧，发现砖墙一段，长 0.85 米，高 1.65 米，厚 0.5 米。它用青色小条砖平铺垒筑，不错缝，用细泥作粘合剂，表面涂一层厚约 1 厘米的草拌泥，使其表面光平。这段砖墙形成的原因，当是因为修筑俑坑时原夯土边墙局部倒塌，而临时改用砖砌筑。从考古资料可知，我国在西周时期已开始出现砖，但数量极少。陕西岐山的周原遗址仅发现残砖两件。秦、汉时期，砖的数量骤增，形制多样，主要用于铺砌地面。秦王朝时用砖砌墓作为椁室者曾发现一例，到汉代尤其东汉时用砖砌墓穴者比较多见。秦、汉时尚未见其他建筑有用砖砌墙，因而一号兵马俑坑内的一段砖墙，虽然砌法比较简单而原始，却是我国目前已知较早的砖墙，在建筑史上具有重要的意义。

（4）土方工程。一、二、三号兵马俑坑的土方工程量巨大，仅挖掘的土方量就达10.3万多立方米，加上夯筑地基、隔墙及俑坑顶部的覆土工程，用工之巨非常惊人。在兵马俑坑的底部解剖时发现起土工具留下的密集的工具痕。俑坑的填土中出土有铁铲及大、中、小三种不同规格的铁锸，与工具痕的大小契合，说明修建俑坑的工人是用这些简单的工具挖土的。在夯土隔墙的两侧发现夯筑时遗留的夹板印痕，夯层上遗有密集的平底圆形夯窝。这种板筑方法在中国古代普遍采用，直至今日农村中仍用其筑墙。不过秦板筑的夯层薄，密度大，犹如土坯砌筑，其质量之高是历代比较罕见的。湖北云梦睡虎地秦简《徭律》规定：筑墙“令结堵卒岁，未卒堵坏，司空将红（功）及君子主堵者有罪，令其徒复垣之，勿计为繇（徭）”。这说明秦代建墙的板筑工程有着严格的质量要求，并以法律形式定出明确的质量标准。达不到标准则领工的人员有罪要受惩罚，而且要重新复筑。在多雨的季节是很难保证夯土工程不坍塌的。二号兵马俑坑四面的边壁发现有雨水冲刷痕迹，并在东壁发现沿壁面有一层木板的压印痕，说明原来贴有木板，待俑坑顶部修好后将贴的木板撤除。这是保护壁面不被大水冲垮的防护设施，可见其对工程质量的重视。

(5) 几个有待于进一步探讨的问题。三号兵马俑坑底部在砖铺地面下发现一层厚厚的青膏泥。砖下的地基是经人工夯筑形成的，而青膏泥不是冲积形成的淤泥，是人有意所为当无疑义。此情况不见于一、二号兵马俑坑。三号俑坑的坑底为什么要铺一层青膏泥？是否也是用以隔湿防潮？如果是这样，那么一、二号俑坑为什么不作如此处理？

二号兵马俑坑的上部普遍覆盖一层棚木，但在二号坑的东北角跪射俑和立射俑部分的坑顶却覆盖两重棚木，上下棚木错缝排列，面积达 1000 余平方米。为什么此处和别处不同而有两层棚木？目前尚未找到合理的解释。

一号兵马俑坑的南、北两侧各有五个斜坡形门道，两侧的门道两两相对成一条直线。两侧门道之间有一条宽 1.4 米、高 3.2 米的甬道横穿十条夯土隔墙。计有南北向的横行甬道五条，把一号坑的隔墙分隔成六段。从陶俑、陶马的排列情况看不出前后两段之间有明显的区别，也就是说它不是军队编列队形的需要。那么，此五条甬道的作用是什么？尚有待于进一步探讨。

关于兵马俑坑修建的时间问题。一号俑坑出土一批带有纪年的铜兵器，如三年、四年、五年、七年相邦吕不韦戈，十五年、十六年、十七年、十八年、十九年寺工铍。这些纪年均属于秦始皇时代。上述纪年中时间最晚者为十九年寺工铍，即铸于公元前 228 年。这说明上述兵器放进俑坑的时间最早不会早于始皇十九年。秦始皇即位就开始修建陵墓，但陵园的修建工程主要是在统一全国后进行的。始皇十九年距秦统一六国（公元前 221 年）仅差七年，这说明俑坑修建的时间大约开始于公元前 221 年统一全国后。公元前 210 年秦始皇死后葬于骊山，当时陵园的修建工程并未完工。公元前 209 年农民大起义，陵园的修建工程被迫停工，因而四号兵马俑坑未建成而废弃。由此推断，俑坑的修建前后费时大约十年左右。这是根据目前的资料所得出的一个约略性的推论。其确切的修建年数有待于新的考古资料的出土和进一步的探讨。

注　释

［1］陕西省考古研究所、始皇陵秦俑坑考古发掘队《秦始皇陵兵马俑坑一号坑发掘报告（1974—1984）上》第一章 16～45 页，文物出版社 1998 年版。

［2］秦俑坑考古队《秦始皇陵东侧第二号兵马俑坑钻探试掘简报》，《文物》1978 年第 5 期。

［3］秦俑坑考古队《秦始皇陵东侧第三号兵马俑坑清理简报》，《文物》1979 年第 12 期。

［4］袁仲一《秦始皇陵兵马俑研究》67～70 页，文物出版社 1990 年版。

三　俑坑出土的战车、步兵俑、骑兵俑及兵器

一、二、三号兵马俑坑埋藏有大量的战车、骑兵和步兵俑群。根据已发掘和试掘资料推断，三个俑坑内总共约有战车一百四十余乘、驾车的陶马五百六十余匹、骑兵的鞍马一百一十六匹、各类武士俑七千余件。以往人们对秦国的战车、骑兵和步兵的具体形象、武器的配备、军队的编制、军阵的编列等许多问题，由于资料不足而知之甚少。兵马俑坑的发现，为人们提供了丰富的实物例证，是研究秦国军事史的珍贵资料。

（一）战　　车

根据已知资料推断，一号兵马俑坑内有战车五十余乘，二号俑坑有战车八十九乘，三号俑坑有战车一乘，共计一百四十余乘。目前，一号俑坑已发掘出土战车二十二乘，二号俑坑已出土战车十一乘，三号俑坑出土战车一乘。关于战车的形制、系驾的方法、战车的类别、车上武器的配备等问题，秦俑坑考古队已发表的资料和著述[1]分别作了介绍和探讨，并基本上为国内外学术界所认同和广泛引用。现将其概述如下：

1. 战车的形制

一、二、三号兵马俑坑已发掘出土战车三十四乘。由于俑坑曾遭人为的焚烧和塌陷的破坏，出土的车迹十分凌乱。根据各车残存的局部遗迹进行综合研究，仍可复原秦车的原貌。

兵马俑坑出土的战车，都是木质、单辕、双轮，前驾四马。车的主要结构分为乘载的车舆、转动致远的轮轴和赖以牵挽的辕、衡三大部分。车舆呈横长方形，前边的左右两角为圆弧形，后边的两角为直角形。舆的前边有车軨，两侧有輢，后边有门。舆广 140 厘米，进深 110 或 120 厘米，輢高 30～40 厘米。各部的结构情况如下：

舆底：四周有四根宽 6 厘米、厚 5 厘米的轸木；中间有五根前后纵置的宽、厚各 4.3 厘米的木桄，以构成舆底的框架。在此框架上有横向排列的一根根宽 2 厘米的长方形竹片，彼此间距 4～6 厘米。其上再有一层呈斜方格形的皮带编织物，从而形成舆底。

舆底的前边及左右两侧的轸上立有棂格形的围栏。前边的围栏名曰軨，两侧的围栏名曰輢。前軨有立柱五根，两輢各有立柱八根，柱高 30 厘米。立柱的上部有横木三根，其中一根位于柱顶，彼此的间距 3～5 厘米。立柱的下部有用纵横木条组成的棂格五层。车舆后侧在车门的左右两边各有一根斜木，上端缚于角柱上，下端缚于后轸上，形成直角三角形的围栏，名曰后軨。门为敞口形，宽约 90 厘米。四周围栏的内侧饰有髹漆麻布的车幕，用以遮挡尘泥。车舆的前半部有一两端下折的横木置于左右两輢的第二根立柱的顶端，名曰轼。

轮、轴：轮径 134～136 厘米，有辐三十根。轮牙高 10 厘米，断面呈腰鼓形，厚 2～4 厘米。辐长 43 厘米，近牙处呈圆柱形，近毂处为扁圆形。毂呈壶形，长 50 厘米，最大径 24 厘米。轴圆柱形，长 250 厘米，径 8 厘米，轨距 190 厘米。

辕、衡：辕为曲辕，位于舆下的部分平直，舆前部分向上逐渐扬起，长350～396厘米，径6～12厘米。辕的前端缚衡，

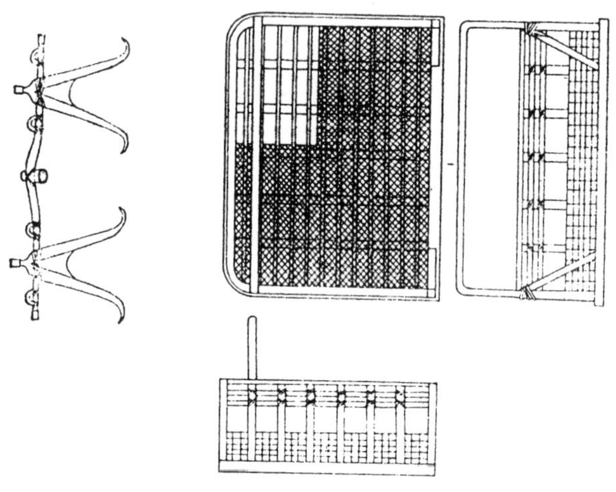

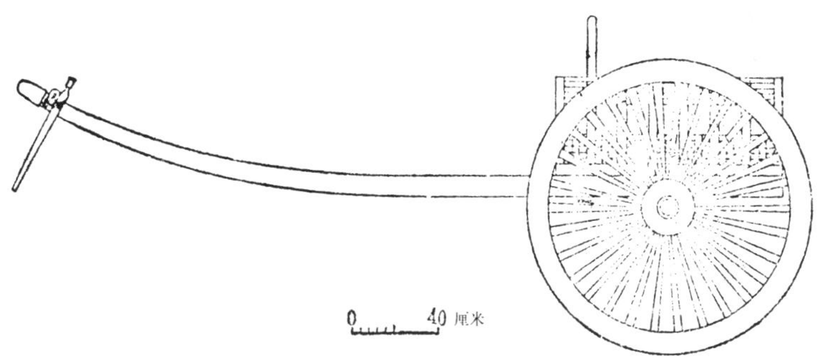

图五　战车形制复原图

衡长 140 厘米，径 3～5 厘米。衡上有四个半环形的木轙，用以贯辔。衡上缚有两轭，轭端套有骨管，通高 57.4 厘米，轭双脚（古名軥）内侧间距 40 厘米，外侧间距 57.4 厘米（图五）。

兵马俑坑出土战车的形制和结构，与以往出土的殷周至春秋战国时代的车子相比具有以下一些特征：

第一，车舆增大，轨距较小。殷周时代的车舆比较狭窄，舆广为 94～150 厘米，进深 73～107 厘米。春秋战国时代的车，舆广为 100～150 厘米，进深 82～110 厘米。秦俑坑的战车舆广 140 厘米，进深 110～120 厘米。由此可见，从殷周至秦车舆在逐渐增大。古代车上的乘员一般都是三人，车舆大使人在车内不拥挤，比较舒适，尤其战车更便于战士执兵与敌格斗。

殷周和春秋时代的舆底是在桄上铺木板，从战国开始舆底多用革带编织。秦俑坑出土的战车及秦始皇陵园出土的一、二号铜车都是用革带交叉编织的舆底。革织物作底较木板作舆底比较柔软，富有弹性，人在车上比较安稳舒适。有人认为坐乘车为革织底，立乘车（即兵车）仍用木板作底。兵马俑坑出土的实物证明兵车的舆底亦为革织。

殷周时代的车轴长 300 厘米，轨距为 215～240 厘米。春秋战国时代的车轴长多数为 240 厘米左右，轨距为 155～200 厘米。兵马俑坑的战车轴长 250 厘米，轨距 190 厘米，接近春秋战国轴长和轨距的数值。殷周时代的车轴长、轨距宽、车舆小，行崎岖及狭窄道路不便，在人多、车多的情况下易于击毂折轴。车轴缩短、轨距变小、车舆增大则较安全。

第二，车辐增多。秦俑坑的战车及秦始皇陵出土的一、二号铜车的轮辐均为三十根，与《考古记·轮人》所说的“轮辐三十，以象日月也”相符合。对照以往的考古资料来看，安阳大司空和孝民屯等地出土的殷代的车轮，轮辐数为十八、二十二、三十六根；北京琉璃河和长安沣西张家坡、山东胶县西庵等地出土的西周的车轮，轮辐数为十八、二十一、二十二、二十四根；上村岭、辉县琉璃阁等地出土的春秋战国时的车轮，轮辐数为二十五、二十六、二十七、二十八、三十、三十四根。这说明轮辐从殷周以后有逐渐增多的趋势，至秦代似以三十根成为定制。

轮牙用十节曲木采用榫卯结构扣合而成。牙的断面呈腰鼓形，其着地面窄便于在泥道行驶。牙的两侧成弧形面，可以利用离心力的作用使车行泥地而不易带泥。《考工记·轮人》说：“凡为轮，行泽者欲杼，行山者欲侔。杼以行泽，则是刀以割涂也，是故涂不附。”杼，即牙的着地面窄。文献、实物两相对应基本相符。殷周春秋时的轮牙两侧面平直，断面呈腰鼓形的牙似始于春秋战国之际，秦汉广泛流行。

秦俑坑战车的毂为壶形，其穿中部大，两端穿孔小。轴在毂中仅和两端接触，可减少摩擦力；毂的中部空腔大，储存的脂膏多，车轮转动轻捷。这是人们长期实践经验的科学总结。从考古资料看，中国古代车毂形状的演变是由直筒形或算珠形变为腰鼓形，再变为壶形。直筒形或算珠形毂流行于殷周时期，腰鼓形是春秋战国时车毂的主要形制，壶形毂在秦汉时广泛使用。第一种毂较原始，第三种毂最科学。

第三，车辕加长。殷周时期的辕长者 298 厘米，一般为 260 厘米左右。春秋战国时代车辕长者 340 厘米，一般为 300 厘米。秦俑坑出土的木质战车，辕长 350～396 厘米。这说明从殷周到秦代单辕车的辕长在逐步增加。辕短，车子转弯虽较灵便，但牵引较费力，也不易使车平稳。长辕使车易平稳，较省力，不但利于平原地区行驶，亦利于坡地。辕变长也是与车舆进深的逐渐增大相适应的。

古代车多为曲辕。关于曲辕弯曲的率度，以往的考古资料少有报道。《考工记·辀人》说："国马之辀，深四尺有七寸。"郑玄注："国马……高八尺，兵车、乘车轵崇三尺有三寸，加轸与轐七寸，又并此辀深，则衡高八尺七寸也，除马之高则余七寸为衡颈之间也。"这就是说辕弯曲的率度加上舆底距地平的高度略微高于马的高度。这样就可使马不压低、轴不抬高，而使车舆保持平正，人抬足登车亦相适宜。对照秦俑坑出土的战车来看，陶马至鬐胛高 133 厘米，车舆底至地平高约为 80 厘米，车辕从舆前向上逐渐扬起，至辕端缚衡处距地平高约 150 厘米，减去轭首的高度，与马的高度基本相等，与《考工记》之说契合。

第四，《考工记·舆人》中有"舆人为车，轮崇、车广、衡长三如一，谓之三称"的记载。郑玄注"称，犹等也"。殷周和春秋时代的车三称者十分罕见。琉璃阁战国车马坑出土的 16 号车，轮径 130 厘米，车广和衡长各为 140 厘米，与三称之说近似。秦俑坑出土的战车，轮高 134～136 厘米，车广和衡长各为 140 厘米，三者数值基本一致，与三称之说大体吻合。三称之说，可能源于兵车。因为乘车的轮略低，如秦始皇陵出土的二号铜车轮高 59 厘米，车广 78 厘米，衡长 79 厘米，与三称之说不符。

第五，秦俑坑出土的一般战士所乘的战车一律无盖，与《后汉书·舆服志》中有关古代战车"不巾不盖"的说法完全契合。一般乘车均为坐乘。战车为立乘，战士立于车上持兵器与敌格斗，因而战车无盖、无车帷。这是战车与乘车的重要区别。

第六，秦俑坑出土战车的左右两轮附近各伴出一近似口字形的木框，与秦始皇陵一、二号铜车的两轮处各有一铜方框的形制相同。此构件在考古发掘中为首次发现，古名曰轫。《说文·车部》曰："轫，所以碍车也。"如车要启行，首先要把轫去掉车轮才能转动。由此引伸，凡事开始启动曰发轫。关于轫的具体形象长期模糊不清，秦俑坑轫的发现才使人们对其有了比较明确的认识。其作用的确切说法是轫为支轮之木，用以止轮之转。

2. 战车的系驾方法

关于一、二、三号兵马俑坑出土战车上系驾的鞁具，一号俑坑发掘报告及二、三号俑坑的试掘清理简报已作了详细的报道[2]。《秦始皇陵兵马俑研究》第二章第二节，结合秦始皇陵一、二号铜车马的有关资料，对三个兵马俑坑战车上的鞁具及系驾方法，进行了综合性的分析研究[3]。目前，学术界除对个别鞁具的定名尚有歧异外，对车马系驾方法的认识基本上趋于一致。

关于车马的鞁具，分为挽具及控驭车马的鞁具两大类。挽具有轭、靷；控驭车马的鞁具有辔、络头、衔、镳、胁驱、缰、策等。

(1) 车马的系驾方法。秦俑坑的车均为双轮、单辕。辕端有衡，衡上缚有两轭。车前驾有四匹马，中间的两匹马为服马，两侧的马为骖马。服马的颈上各驾一轭，轭上连接着一条靷绳。服马的靷分为前后两段，前段是左右服马各有一靷，后

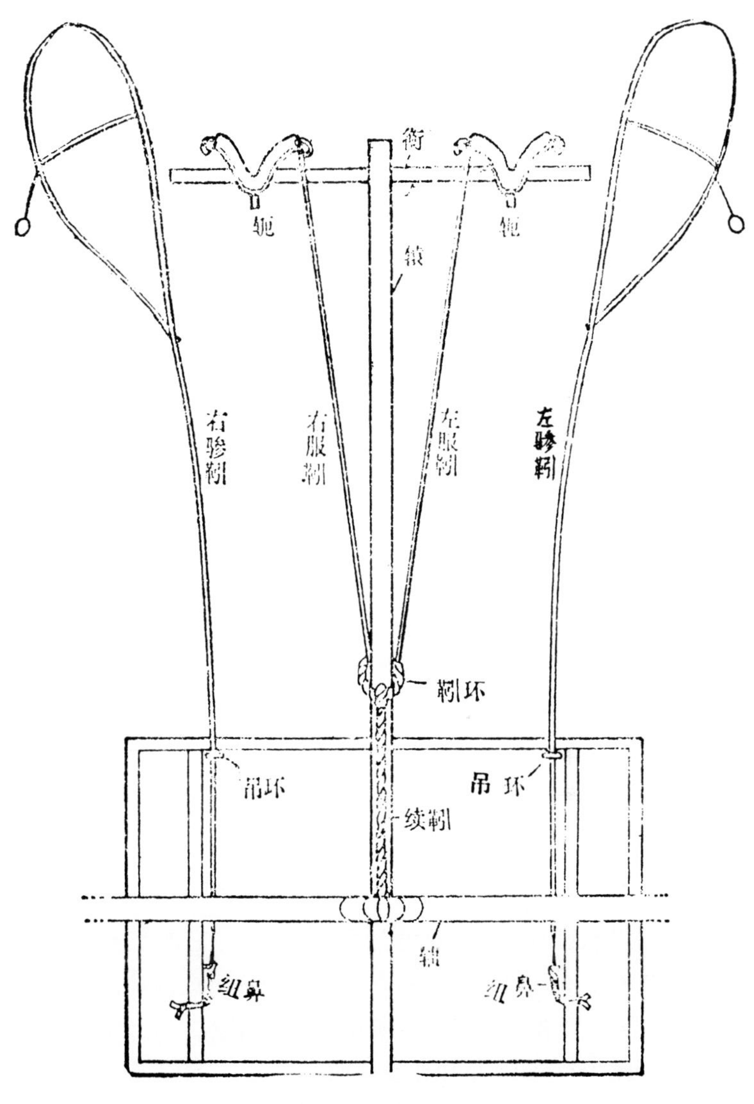

图六　靷系结关系仰视示意图

段是两马共用一靷，前后段之间有一靷环把二者连成一体，后段靷的末端系结于辕与轴的交叉点上。两匹骖马的颈上无轭，各有一条单靷。靷的后端系结于舆底背面的桄木上；靷的前端呈环套形（古名靳），套于骖马的胸、背部，用以承力挽车。服马肩负轭、靷，牵动衡、辕，连动轴、轮，载舆以行。骖马通过一条单靷协助服马拉车（图六）。

长期以来，由于实物资料的缺乏，人们一直认为服马有轭而无靷，只有骖马有靷，而且是双靷。秦俑坑出土的战车及秦始皇陵铜车马的实物证明，骖马和服马都有靷，而且都是单靷。尽管单靷不如双靷挽车时用力易于均衡，但双靷出现较晚，是在汉代伴随着双辕车的盛行才发展起来的。单靷挽车是中国古代早期挽车的特征。这种系驾方法，服马是借助轭、靷用肩胛的力量拉车，骖马是用胸肌承力拉车，远较西方古车的系驾方法先进。孙机先生曾作过比较分析。他说“在地中海区域，公元前三千年马车就出现于美索不达米亚，有二轮的，也有四轮的，但系驾方法均相同，即将马颈用颈带直接缚在车衡上……到了前十五、十四世纪时，克里特、埃及等地的车，其系驾方式又稍有改进，开始作用轭，并在以前的颈带之外，又增加一条腹带。地中海区域古车的系驾方式至此基本上定型了，古代希腊、波斯、罗马的车，都沿用这种系驾方式”。采用这种方式系驾的马主要是通过颈带拉车。“它的严重的缺点是由于颈带压迫马的气管，马奔愈疾，则呼吸愈困难，马力无法充分发挥”。“我国的系驾法不压迫马的气管，马力能得到较充分地发挥”[4]。这一论述非常精辟。

（2）御手控驭车马的方法。车前的四马头部戴有络头，络头连有铜质的衔、镳，衔置于马口内。两匹骖马的口中除衔外，还含一木棒，此名为橛，是控驭烈马的器具，为考古发掘中首次发现。每匹马的衔两端的环上各连接一根辔绳，即内辔和外辔。四匹马共八根辔绳。其中的服马内辔的末端系结于轼前的呈鸡爪形的纽鼻上（此纽鼻古名觼軜），其余六根辔绳的末端握于御手的手中。每只手各握三根辔绳，即左手握持左骖马和左服马的外辔、右骖马的内辔；右手握持右骖马和右服马的外辔、左骖马的内辔。辔的作用是用以控驭车马的疾、徐和左旋、右旋。御手牵拉左手握持的三根辔绳则车马向左转弯，牵拉右手握持的三根辔绳则车马向右转弯。双手紧勒六辔则车马缓行或停止，放纵六辔和策马则车疾驰。为了保证四马合力拉车，防止互相拥挤影响车速，在左右服马的外胁部位各系结一横丁字形的构件（古名胁驱），如骖马内靠则构件末端的锥齿刺之。另外，为了防止骖马外逸形成分力，则骖马的颈上套有缰索，缰索的另一端系结于衡、轭交接处，以此控制两骖与两服之间始终保持适当的距离，四马和谐，御者控驭得心应手。

四匹马共八根辔绳，但古书均言“六辔在手”[5]。另两辔如何处理？以往各家说法不一。有的认为是将两骖马的内辔系于轼前[6]；有的认为是将两骖马的内辔系在相邻的左右服马的衔环上[7]；有的认为不是八辔，而是“四马六辔，六辔在手，言马之良也”[8]。考古出土的实物证明，以上各说均不准确，而是将两匹服马的内辔系于轼前的觼軜上。因两服马借助衡把二马连为一体，其内辔不需牵挽，即可达到控驭车马左旋、右旋的目的（图七）。

关于防止骖马内靠的胁驱问题，向来说法不一。《诗·秦风·小戎》郑玄笺说：“胁驱者，著服马之外胁，以止骖之入。”

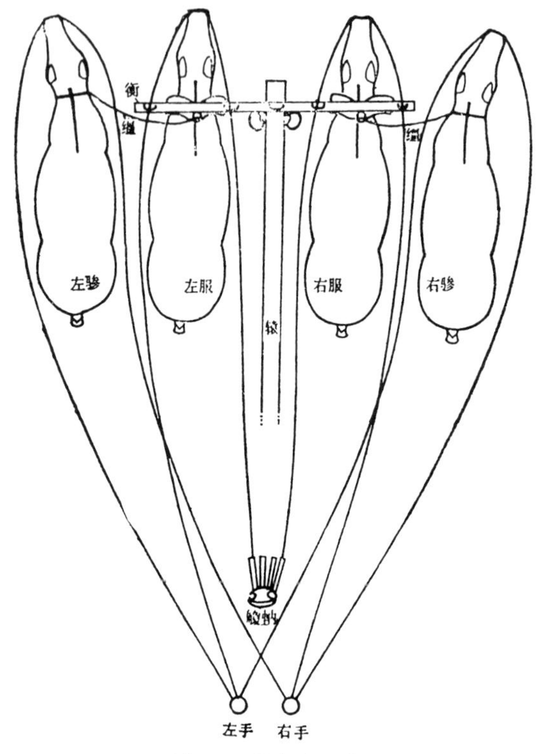

图七　六辔在手示意图

孔颖达疏：胁驱是“以一条皮，上系于衡，后系于軫”。近来又有学者认为秦俑坑及秦陵铜车马在服马外胁的横丁形构件为方釳，其外胁下的环带为胁驱[9]。目前的考古资料未见有以皮条上系于衡、后系于軫之装具，且皮条有弹性无法阻止骖马的内靠。至于服马胁下的环带，是系结横丁字形构件的附件，不应把二者分开分别定名，且此环带亦不起阻止骖马内靠的作用。方釳是著于镳旁，其形状为中央低、两头高的山字形。其形状和所处的位置都与秦俑坑出土的著服马外胁的横丁形构件不同。此构件横长19.6厘米，末端套一带三个尖齿的骨管。骖马内靠则尖齿刺之，使其和服马始终保持不少于19.6厘米的间距，起到防止四马拥挤而影响车速的作用。此构件定名为胁驱似较妥帖。此为考古发掘中首次发现的胁驱实物资料。

3. 战车的类别

古代战车的名称向来说法不一，有战车、兵车、轻车、革车、戎车、武车等不同的称谓。因而对秦俑坑出土战车的研究文章中，关于车的名称也就互相歧异。其实都是一种车，在车的结构方面没有什么区别。但是根据车上乘员和职责的不同，秦俑坑出土的车可分为甲士乘的一般战车、军吏乘的指挥车、二人乘的佐车、四人乘的驷乘车四种。这一分类最早见于《秦始皇陵兵马俑》一书的前言部分[10]，此后为学术界基本认同。

(1) 一般战车。目前二号俑坑已出土九乘。其车轮高舆短，不巾不盖，驾四马，车速快，便于往来驰驱。每乘车上有甲士俑三件，即御手俑、车左俑和车右俑。三件俑立于车上作横一字形排列，御手居中，车左和车右分居御手的左右两侧。御手俑身披铠甲，双臂的披膊长及手腕，手上有护手甲，颈部有盆领（即护颈甲），头戴单板长冠，双臂前举，双手牵拉马辔。车左俑和车右俑身穿铠甲，头戴介帻（尖顶软帽），一手作持戈、矛等长兵状，一手作按车状。

战车上三名甲士的职责如下：《诗·鲁颂·閟宫》郑玄笺曰："兵车之法，左人持弓，右人持矛，中人御。"《尚书·夏书·甘誓》曰："左不攻于左，汝不恭命；右不攻于右，汝不恭命；御非其马之正，汝不恭命。"孔安国传"车左，左方主射"，"车右，勇力之士执戈矛以退敌"，"御以正马为政"。此后学术界多沿用此说。根据秦俑坑出土战车的情况，御者的职责是控驭车马已无疑义，但车左和车右均手持戈矛等长兵，车的附近伴出有成束的铜镞及铜矛。这些说明车左和车右不是一主射、一持戈矛退敌如此机械的分工，而是远则用弓弩射之，近则以戈矛击刺。古代的车战是双方的战车相互冲击而错毂交战。当双方战车迫近时车左和车右各持戈矛与车两侧的敌人厮杀格斗。这时如车左仅持弓不持戈矛，近斗弓弩失去威力，则形成格斗的死角，对己极为不利，易遭杀伤。

一辆战车是车战中的一个最小单位。车上的三名甲士谁为甲首（即车长）？有的学者认为车左为甲首[11]。秦俑坑出土的战车上的三件甲士俑，车左俑和车右俑均不戴冠，只有御手俑头戴单板长冠。秦俑坑出土的大量俑群，只有军吏俑戴冠，下级小吏头戴单板长冠，中级军吏戴双板长冠，高级军吏戴鹖冠，士卒一律不戴冠。由此可知，御手的身分高于车左和车右，御者当为战车的甲首。

（2）指挥车。此车分为高级军吏乘的指挥车与中级军吏乘的指挥车两种。这两种指挥车与战士乘的一般战车的形制和结构相同，都属于攻击型的轻车。只是指挥车的装饰较华丽，车上绘有精致的彩色图案，并悬有钟、鼓。

高级军吏乘的指挥车，已出土六乘，其中一号俑坑出土五乘，二号俑坑出土一乘。车上有陶俑三件，即高级军吏俑（俗称将军俑）、御手俑和车右俑。高级军吏俑的装束分为轻装和重装两种：一号坑T1方三过洞及T19方九过洞出土的指挥车上的一高级军吏俑，身穿双重长襦，头戴鹖冠，未穿铠甲，属于轻装；其余四乘车上的高级军吏俑，均身穿双重长襦，外披彩色鱼鳞甲，头戴鹖冠。御手俑都头戴单板长冠，外披铠甲，甲衣的双肩无披膊，双臂前伸，双手作揽辔状。车右俑头戴单

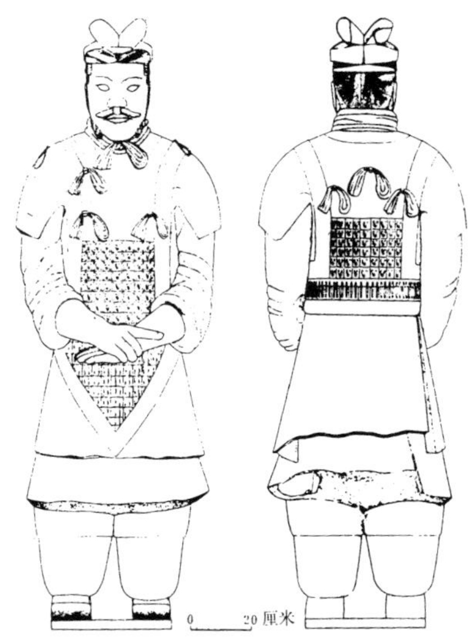

图八　指挥车上的高级军吏俑正面、背面图（一号坑）

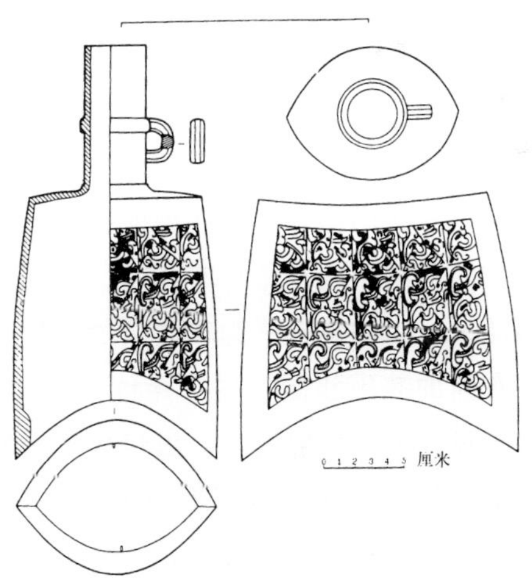

图九　指挥车上的铜甬钟（一号坑）

板长冠，外披铠甲，甲衣的披膊较短仅盖住肩部，右手作持戈、矛等长兵状。车上悬有钟、鼓，如一号俑坑 T5 方五过洞的指挥车上出土铜甬钟及鼓各一件。鼓为扁圆形，面径 53 厘米，壁最大径 70 厘米，高 9 厘米。鼓壁上有三个铜钮环。甬钟通高 27 厘米，甬上有钮形旋。古代作战靠金、鼓指挥。《尉缭子·勒卒令》说："鼓之则进，重鼓则击；金之则止，重金则退。"将帅的职责在掌握金、鼓以指挥军队的进退。御手的职责是驾驶车马，保证车马进退有节，安全奔驰，当车主受伤时可代掌金、鼓。车右的职责是与敌格斗，保护将帅的安全，当车遇险途要下来推车（图八）。

中级军吏乘的指挥车，已出土十六乘，均为一号俑坑出土。车上有陶俑三件，即中级军吏俑、御手俑和车右俑。中级军吏俑身穿长襦，外披前胸甲（无背甲），甲衣的周边及背带上有精美的彩色图案，头戴双板长冠，右臂自然下垂半握拳，左手作按剑状。御手俑和车右俑的装束和姿态，与高级军吏俑乘的指挥车上的御手俑和车右俑相同。一号俑坑 T11 方一车迹的附近伴出有鼓和鼓桴遗迹，说明中级军吏乘的指挥车亦悬有金、鼓，用以辅助高级将帅指挥军队的进退（图九）。

（3）佐车。二号兵马俑坑的骑兵阵前有战车两列，每列三乘，共六乘。车的形制结构与指挥车相同，车前驾有四马。车上有武士俑两件，一为御手，一为车右。二者的装束与指挥车上御手俑和车右俑的装束相同，均身穿铠甲，头戴单板长冠，说明车的级别较高，不是一般战车。古代战车上的乘员多为三人，而此六乘车上只有二人，即御手和车右，缺少左侧一人。左侧空缺的为军吏的位置，古名虚左，又名旷左。因而此车当为古之佐车，又名副车。古代作战时将帅是备有佐车的[12]。

此六乘车位于骑兵阵的前列，骑兵的军吏主要乘马，车作为备用。这当为骑兵发展早期阶段的特征。

（4）驷乘车。三号兵马俑坑出土的一乘战车，车上彩绘花纹，前驾四马。车上有陶俑四件，一为军吏、一为御手，另两件为车士。军吏俑身穿彩色前胸甲，头戴双板长冠。另三件俑均披甲，戴长冠。这说明车的级别较高，不是一般战车。车上有乘员四人十分罕见。古文献记载的驷乘车有如下几例：《左传·襄公二十三年》记载，齐侯伐卫，把军队的编组分为先驱（前锋）、申驱（次前锋军）、贰广（公贰车）、启（左翼）、胠（右翼）、大殿（后军）等部，而殿军的帅车四人共乘[13]。《左传·文公十一年》记载：鲁与长狄战，宋武公时与长狄战。这两次战役鲁、宋的指挥上均改为四人共乘[14]。又《左传·昭公二十年》曰：卫国内乱，卫公逃逸时其车驷乘[15]。上述例证都是为了加强护卫力量。因长狄习于步战，为防不虞，指挥车改为驷乘。齐侯殿军的帅车及卫公逃逸的乘车四人共乘，这样车上的护卫人员就由原来的车右一人变成二人，以确保车主的安全。古代战车的车舆狭窄，增加一人使车上人员较拥挤，所以它仅是特殊情况下的一种乘法。三号兵马俑坑是统帅一、二号兵马俑军阵的指挥部（古名军幕），其车四人共乘似亦属于特殊情况的乘法。这也是考古发掘中仅见的实例。

一、二、三号兵马俑坑内的战车，以一般战车的数量最多，指挥车和佐车的数量较少，驷乘车属于个别现象。四种类型的战车同时出现于一处遗址内，在军事史上具有重要的学术意义。

4. 战车上配备的器械

（1）战车上的兵器。一、二、三号兵马俑坑均经严重盗扰，又经大火焚烧，车迹零碎，因而每乘战车上原来兵器配备的情况已不可确知。目前在车迹附近伴出的青铜兵器有矛、殳、钺、剑、镞等，其中以铜镞的数量最多。上述兵器不是集中于一乘车上，而是散见于各个车迹附近。另外在一号俑坑的一战车的前軨上发现铜弩辄两件，说明战车上配有弓弩是可以肯定的。战车上的车左和车右的手势都作持戈、矛等长兵器状，与车迹附近的出土物相对应，证明战车上亦配有长兵。古人把弓、矛、戈、戟、殳等称为“车之五兵”。秦俑坑出土的战车上是否此“五兵”俱全，有待于全面发掘后予以验证。

（2）战车上的防护装备。秦俑坑出土的战车上未发现有盾、马甲等防护装具。战车上乘员的防护装备有铠甲及胫部的护腿，未见头盔。御手俑的铠甲由身甲、长及手腕的披膊（即臂甲）、护手甲、盆领（即颈甲）等部分组成，胫部缚护腿（古名絮衣），防护较好，属于重装备。因御手要站在车上驾驭车马，目标大，易受伤害；一旦受伤就会车马失控而败北，所以防护设施要好。车左和车右铠甲的披膊较短仅盖住肩部，无护手甲及盆领，装备较轻，便于持兵与敌格斗。

（3）战车上的其他器具。秦俑坑出土的战车附近还伴出有修车、修路和挖灶的工具。如一、二号俑坑车迹的附近出土有铁锸；三号俑坑车迹附近出土有大小不同的三件铜凿及大小铁锤各一件；二号俑坑车迹附近出土有铜凿、铜锥等。铁锸用以开道修路，驻军时可用来挖灶穴，其余工具用以修车。

5. 战车上的陶马

一、二、三号兵马俑坑的战车每乘车前都驾四匹陶马。陶马的大小和真马相似，身长约 2.10 米，通首高 1.72 米。四马的造型基本相同，均剪鬃缚尾，举颈仰首，张口作嘶鸣状。中

图一〇　战车上的陶马（一号坑）

间的两匹服马双耳前耸，目光前视。两匹骖马的脖颈分别向外侧微微扭转，跃跃欲行，异常神骏。

秦俑坑出土的陶马，与秦始皇陵园内马厩坑出土的真马的体长、身高（指至鬐胛的高度）、身躯各部分的比例等基本相同，说明是以真马作为原型塑造的。马的主要特征是个头较小、脖颈短、头部宽阔，属于河曲（今甘肃洮河一带）马种（图一〇）。

（二）步兵俑

目前一号兵马俑坑已出土步兵俑一千七百余件，二号俑坑内出土步兵俑一百六十余件，三号俑坑内出土步兵俑六十四件，共计一千九百余件。步兵在春秋时期称为徒、徒兵或徒卒，战国时期称为卒、武卒、武士、锐士、奋击、带甲等。步兵一词出现于战国晚期，最早见于《六韬·战步》中的“步兵与车骑战奈何”一句。

秦俑坑已出土的步兵俑的情况，《秦始皇陵兵马俑坑一号坑发掘报告》以及二、三号俑坑试掘、清理简报等已作了分类记述[16]。现将其分类情况综述如下：

1. 步兵俑的类别

秦俑坑出土的步兵俑，以其职位高低可分为军吏俑及一般步兵俑两大类。军吏俑中有高、中、低之分，一般步兵俑中又有轻装与重装之别。

(1) 军吏俑。此类俑分为高级、中级、低级军吏俑。

高级军吏俑：俗称将军俑，目前仅发现一件，出土于二号俑坑东北角弩兵方阵的左后方。此方阵共有跪射和立射等步兵俑三百三十二件。此俑是这一方阵的统帅。其身穿双重长襦，外披彩色鱼鳞甲，著长裤，足穿方口齐头翘尖履，头戴鹖冠，双手交垂于腹前作拄剑状，挺胸仰首，气宇轩昂。

中级军吏俑：已出土六件。依其装束的不同可分为三型：Ⅰ型中级军吏俑一件，出土于二号俑坑弩兵阵的左后角。此俑身穿长襦，外披前胸甲，甲衣的周边及背带上有精致的彩色图案，下身穿长裤，头戴双板长冠。双臂自然下垂，右手半握拳，左手伸掌微向前挥，持物不明。该俑立于高级军吏俑的身旁，似为高级军吏俑的佐吏。Ⅱ式中级军吏俑四件，出土于一号俑坑步兵俑的队列中。这四件俑的装束相同，都穿长襦，外披铠甲，甲衣的周边绘有精美的彩色图案，头戴双板长冠。右臂自然下垂，半握拳，左臂微向前曲作握剑状（图一一）。Ⅲ式中级军吏俑一件，出土于一号俑坑前锋部队的右前角。前锋共

图一一 中级军吏俑（一号坑）

图一二 下级军吏俑（一号坑）

图一三 轻装步兵立俑（二号坑）

图一四 轻装步兵立射俑（一号坑）

有步兵俑二百零四件。此俑为此军阵前锋的统帅，头戴双板长冠，身穿长襦，腿扎行縢（即裹腿），没穿铠甲，属于轻装备。

下级军吏俑：已出土三十三件，均为一号俑坑出土。以其装束不同，可分为二型：Ⅰ型二十九件。此型俑都身穿长襦，外披铠甲，甲上没有彩色图案，下身穿短裤，腿上扎着行縢或缚护腿，足穿履或短靴，头绾扁髻，戴单板长冠。左手作按剑状，右手作持戈、矛等长兵状（图一二）。Ⅱ型俑四件，身穿长襦，腿扎行縢，头戴单板长冠，右手作持长兵状，没穿铠甲，是轻装的下级小吏。

（2）轻装步兵俑。已出土四百三十三件，其中一号俑坑出土三百九十七件，二号俑坑出土三十六件。依其姿态的不同可分为三型：Ⅰ型为立姿持弓弩的轻装步兵俑，共计三百零八件。这类俑均身穿交领右衽长襦，腰束革带，下穿短裤，腿扎行縢，头顶右侧绾着圆丘形发髻，足穿方口齐头履。仰首挺胸，威严伫立。双臂自然下垂，右手半握拳，拇指翘起，作持弓弩状（图一三）。俑的身边都伴出有弓弩、箭箙等遗迹，每箙有箭约一百支左右。这说明此型俑原来都背负矢箭，手持弓弩。Ⅱ型为立姿持戈、矛等长兵的轻装步兵俑，已出土八十八件。此类型俑的装束与Ⅰ型俑基本相同，都不穿铠甲，属于轻装备。其姿态与之不同，左臂自然下垂，手掌伸张，右臂前曲半握拳作持长兵器状。有些俑的身边伴出有铜镦、铜戈、矛、戟等兵器及木柲遗迹，说明此型俑原来都手持长柲兵器。Ⅲ型为立射式轻装步兵俑，已出土三十七件。此型俑身穿长襦，腰束革带，胫著护腿，足穿短靴，头顶右侧绾着圆丘形发髻。其姿态特殊，双足各立于一个长方形的足踏板上。左足向左前方迈出半步，右足横置，双足略呈丁字形。左腿拱曲，右腿向后绷直。身向左边侧转，左臂半举，手掌伸长，掌心向下；右臂曲举于胸前，手掌伸张，掌心向内。其目光注视左前方，绷着嘴，鼓着劲，神态生动。此为持弩的姿态（图一四）。

(3) 重装步兵俑。此类俑又称铠甲步兵俑，数量最多，已出土一千三百余件，主要出土于一号兵马俑坑，其次是二号俑坑，三号俑坑出土的数量较少。依其装束的不同可分为三型，即圆髻铠甲俑、扁髻铠甲俑、介帻铠甲俑。

圆髻铠甲俑：主要见于一号和二号兵马俑坑。此类俑的装束为上身穿交领右衽齐膝长襦，腰束革带，外披褐黑色铠甲。下身穿短裤，腿扎行縢（即裹腿）或著护腿（古名絮衣），足穿方口齐头履，个别的穿短靴。头上一律绾着圆丘形发髻。依据其姿态的不同可分为三类：一跪射圆髻铠甲俑，二立姿持弓弩圆髻铠甲俑，三立姿持长兵圆髻铠甲俑。跪射的圆髻铠甲俑全部出土于二号俑坑的东北角弩兵方阵内。其左腿蹲曲，右膝抵地，身微向右侧转，双手在胸右侧一上一下作握持弓弩状。俑的附近伴出有铜镞。古代弓弩的发射有立姿和跪姿两种。此为跪姿，考古资料中十分罕见。立姿持弓弩的圆髻铠甲俑，全部出土于一号俑坑。作直立姿态，双臂下垂，左手作按剑状，右手作持弓弩状（图一五）。其身边伴出有弓弩遗迹及成束（一束约百支）的铜镞。立姿持长兵的圆髻铠甲俑，亦为一号俑坑出土，作直立姿态，左臂下垂，右臂前曲，右手半握拳作持长兵状。俑的身边伴出有铜镦、铜矛、戈、戟等长柄兵器。

扁髻铠甲俑：此类俑的服饰、甲衣与圆髻铠甲俑基本相同。腿部有的扎行縢，有的缚护腿；足上有的穿履，有的穿短靴。脑后绾着六股宽辫形扁髻。秦人把这种发髻称作什么，不易查考，故暂以其形名之曰扁髻。脑后绾扁髻恐与准备戴盔有

图一五　重装圆髻步兵俑
（一号坑）

图一六　重装扁髻步兵俑（一号坑）

图一七　重装介帻步兵俑（一号坑）

关，绾圆髻则戴盔不便。这类俑均作直立姿（图一六）。其手势有两种：一作持弓弩状，一作持长兵状。前一类俑的身边伴出有弓弩、箭箙、弓韬等遗迹及铜弩机、成束的铜镞等。后一类俑的身边伴出有戈、矛、戟等铜兵器。

介帻铠甲俑：此类俑出土于一号俑坑的 T2 方和 T20 方内。其身穿齐膝长襦，外披铠甲，腿缚护腿，足穿履。头顶的右侧绾圆形发髻，上罩尖顶的圆椎形软帽，古名介帻。帻多为红色，质地轻软，上部有一尖顶，下部齐及发际，把头发和发髻全部罩于帻内。蔡邕《独断》曰："帻，古者卑贱执事不冠者之所服也。"古文献把帻多释为"韬发之巾"（参见《急就篇》二，注）。结合秦俑的具体形象来看，它类似今人的韬发小帽，为秦国步兵的一种束发饰物。介帻铠甲步兵俑的姿态，均作直立姿，双臂下垂，手腕微向前曲，双手半握拳作持兵状（图一七）。俑的身旁多伴出长铍。铍通长 350～382 厘米，其中首长约 35 厘米，是一种杀伤力极强的长兵器。

2. 关于步兵俑研究中的几个问题

（1）步兵俑的战术动作。古代的步兵要经过严格的战术训练。训练的主要内容为兵器的使用、单兵动作和队形的变化。由于秦俑是静态的雕塑品，不可能把步兵的战术动作都表现出来，而只是表现某一动作的一个侧面。目前发现的秦步兵俑的动作有如下几种：

立射俑的动作：双足略呈丁字形，左腿微拱，后腿后绷，身微侧转，左臂半举，手掌伸张，右臂曲举于胸前。此为弩兵立姿持弩的动作。据《吴越春秋·勾践阴谋外传》记载，越王对陈音说"愿复闻正射之道。陈音对曰：臣闻射之道，左足纵，右足横；左手若附枝，右手若抱儿，右手发，左手不知，此正射持弩之道也”。文献、实物两相对应，基本相符。有的先生还对立射俑的足法、身法、手法作了详细地分析，指出其足法为丁字不成、八字不就，前脚尖抵地，足前虚后实；身法为面右背左，侧身横立，左肩、右肩、左胯成一垂直面，对准靶标，胸恶前仰，背恶后偃，肚恶凸，臀恶高；手法为左手若扶枝，手掌开虎如拒石，右手当心若抱儿等等，与历代兵书有关立射的动作要领基本相符，说明秦步兵的立射技术已规范化，并为后代所继承[17]。此分析十分准确。

跪射俑的动作：左腿蹲曲，左膝和右足尖抵地，身微向右侧转，双手一上一下曲举于胸的右侧作控弓状。有的先生指出：此蹲跪姿，与《左传·成公十六年》、《战国策·西周策》记载的春秋时善射者养由基所说的“支左拙右”的跪射技法相同。左膝正对靶标，双足与右膝抵地成稳定的三角形。“蹲腰坐胯”，“蹲腰则身不动，坐胯而臀不显”。这表明秦军跪射方式已规范化、操典化。射击分为预备和发射两个阶段。根据跪射俑的手势说明是处于预备阶段[18]。秦人对射击技术的要求严格。据《睡虎地秦墓竹简·秦律杂抄》记载：“除士吏、发弩啬夫不如律，及发弩射不中，尉赀二甲。发弩啬夫射不中，赀二甲，免；啬夫任之。”跪射俑和立射俑的发现，使人们对秦代的射击技艺获得了生动而形象的认识。秦步兵的射击技术，在中国古代射击技术史上承前启后。其规范化的动作为后代继承，两千年来相袭不改。

步兵俑持长兵的动作：此类俑的数量很多，均为立姿。站立的姿态为双足八字立，挺胸仰首，目光前视，左臂自然下垂，右臂前曲成 90 度，拳心向上，拳心与右足尖外侧成垂直线。有的俑出土时手中仍握着残断的矛柄，右足尖的外侧立着铜镈。此持长兵的姿态，立如铁塔，力感、稳固感极强，与古今中外持长兵者的规范动作完全相同。兵马俑坑内没有发现持长兵作刺杀动作的步兵俑，但在一号俑坑东端发现两件步兵俑的带钩作一勇士持矛刺杀形。其动作为左足向前跨出，左腿前拱，右腿后绷，弯腰身微前倾，双手一前一后紧握矛柄，作奋力刺杀状。矛的前端为一张口瞪目的人头被矛刺中，生动、形象地表现了单兵的技击动作。

(2) 轻装与重装步兵的作用问题。秦俑坑的步兵俑分为不穿铠甲的轻装步兵俑与穿铠甲的重装步兵俑两种。二者的作用不同。轻装步兵俑立于军阵的前锋或阵表，重装步兵俑为军阵的主体。前者轻捷，利于奇袭；后者装备完善，利于坚持与敌格斗。

白建刚《论秦俑军阵的轻、重装步兵》一文认为：秦轻装步兵是重装步兵的辅助部队，重装步兵是主力部队。同时，他还认为秦的重装步兵的身份高于轻装步兵，说“秦的轻装步兵是一种由‘谪发’兵等身份较低、不太正规的兵士组成的部队”，“重装步兵可能主要由‘正卒’兵士组成”。白先生还把秦俑坑的轻、重装步兵与古希腊、罗马的轻、重装步兵作了比较，指出二者的相似之处有三：一、都把重装步兵作为主力部队。二、都将轻装步兵配置在军阵中首先接敌的位置上。三、轻装步兵主要或大量的装备为射击武器，重装步兵主要的装备有刺杀武器[19]。上述意见基本可信，但认为秦轻、重装步兵的成分不同，地位高低不同，缺乏有力例证。此观点尚可作进一步探讨，并有待新的资料予以验证。

(3) 关于独立步兵与隶属步兵问题。秦俑坑出土的步兵俑从编制上看，有的隶属于战车，有的独立编制。前者为隶属步兵，后者为独立步兵。

独立步兵俑：根据目前已知资料，一号俑坑已出土独立步兵俑五百三十六个，分别位于一号坑东端的长廊及一、四、六、八、十一号过洞的东端。二号俑坑有独立步兵俑三百三十二个，位于二号坑的东端。三号俑坑有独立步兵俑六十四个，分别位于三号坑东端的长廊及左右两边的侧室内。一号俑坑东端长廊部分的独立步兵俑，是一号坑军阵的前锋部队；一、十一两过洞内的独立步兵俑，是军阵的左、右翼卫部队；四、六、八过洞的独立步兵俑，是军队主体的有机组成部分。二号俑坑的独立步兵俑，是二号坑军阵前角的一个独立方阵。三号俑坑内的独立步兵俑，是指挥部（古名军幕）内的卫兵，即《商君书·境内》所说的“短兵”。至于独立步兵的编制情况，因俑坑尚未全部发掘，情况不明。

隶属步兵俑：秦俑坑战车后跟随的隶属步兵俑的数量不等。二号坑每乘战车后的步兵俑数有八件、二十八件、三十二件三种。其中八件者十四乘车，二十八件者三乘，三十二件者二乘。一号俑坑已发掘部分，每乘车后跟随的步兵俑数有八件、十二件、九十二件、一百余件等。从数量上看，车后有步兵俑八件者数量较多，其余数量较少。

古代一乘战车跟随徒卒多少，历来说法不一，有十人、二十人、三十人、七十二人等诸说，但以十人说最多。《禹鼎》铭文有“禹率公戎车百乘……徒千”。武王伐殷，“革车三百乘，虎贲三千人”（《孟子·尽心篇》）。齐桓公五年（公元前681年）狄人伐齐，诸侯救齐，“大侯，车二百乘，卒二千人；小侯，车百乘，卒千人”（《管子·伯形》）。类似记载还有很多。这说明每乘车有徒卒十人，似为西周、春秋时的固定编制。秦俑坑战车后有步兵俑八件，加上车上的甲士三件共十一件，与西周、春秋时的一乘车有徒卒十人的数字接近。至于秦俑坑中为什么还有的车后有步兵俑二十八件、三十二件、九十二件等，是有待俑坑全面发掘后需要进一步探讨的问题。

（4）秦国步兵的出现和发展。由秦俑坑出土的步兵俑来探讨秦国步兵的出现和发展，是此课题研究的进一步深化。结合文献资料来看，秦人在公元前 770 年立国以前只有步兵。例如，秦庄公曾率兵七千人讨伐西戎，此七千人即步兵。秦襄公立国后，始修其车马，备其兵甲。这时始有战车，步兵与车结合成为隶属步兵。秦穆公时（公元前 659～前 621 年），有革车五百乘，畴骑二千，步卒五万人。这时车兵、骑兵、步兵三个兵种皆备。步兵除隶属的步兵外，出现了独立编制的独立步兵，当时称为“陷阵”。秦惠文王当政时（公元前 337～前 311 年），步兵发展到百万。昭襄王时（公元前 306～前 251 年），秦国的军队发展到车千乘、骑万匹、步兵百余万。这时的步兵仍分为隶属步兵与独立步兵两种。秦始皇凭借这支强大的军队统一了六国。兵马俑坑是秦三军的缩影。由此可见，战国中晚期，秦国的步兵发展迅速。这是由于当时战争的频繁、战场的扩大和一个战役时间的持久等诸多因素造成的。战争的方式也发生了变化，由车阵作战变为车、步、骑互相配合的野战，因而步兵的数量骤增。到了西汉中期，车战退出疆场，隶属步兵也随之消失，独立步兵和骑兵成为战争的主力部队。

（三）骑兵俑

二号兵马俑坑内发现一批骑兵俑群。根据已出土情况推算，二号俑坑内计有陶质鞍马一百一十六匹。每匹马前立有骑士俑一件。马的大小和真马相似，身长约2米，通首高1.72米。马背上雕有鞍鞯，头上戴着络头、衔、缰。骑士俑身高1.8米左右，一手牵拉马缰，一手作持弓弩状。俑和马的造型准确，形象逼真，一列列排成整齐的长方队形。这是秦国骑兵的形象记录，也是中国考古史上发现的数量较多、时代较早的骑兵俑群。对于研究中国的骑兵发展史和秦代的军事史具有重要的史料价值。关于二号坑骑兵俑的研究，目前已涉及到的问题有从骑兵俑看秦骑兵的装备和队列以及秦骑兵的出现与发展等[20]。

1. 骑兵的装备

（1）马具。二号俑坑出土的骑兵俑的马具包含两部分：一是络头、衔镳、缰，二是鞍鞯。马头上戴着由铜节约、铜环及扁平石管串联编缀成的络头。络头上连接着铜衔、铜镳。衔置于马口中，镳位于马口的两侧。马口两侧的衔环上各连接一条长约1米的马缰。缰由圆形和扁平形的青石管用铜丝串联而成。两根缰的末端各连接一个剪把形的铜环，以便骑士握持。

马背上雕塑着鞍鞯。鞍的质地似为皮革，中部下凹，两端微微翘起。鞍面为白色，上面缀有八排粉红色的鞍钉。鞍下衬着绿色的鞯。鞍的两侧及前后端缀有叶形及条带形的彩色带作为装饰。鞍上有条类似皮质的扣带环绕马腹，把鞍固定于马背上。鞍后有一根条带（古名鞦）攀于马臀，以防鞍向前滑动(图一八)。

从二号坑骑兵俑的马具可得知如下几点：

第一，骑兵控制马的用具有络头、衔镳、缰。络头、衔镳的出现很早,在殷周的车马坑中就已有发现,并已基本定型,被

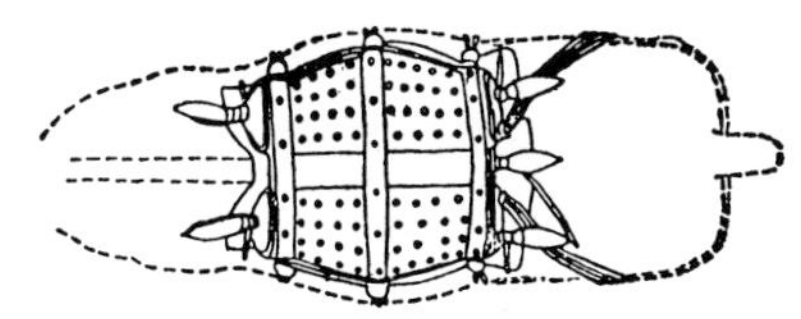

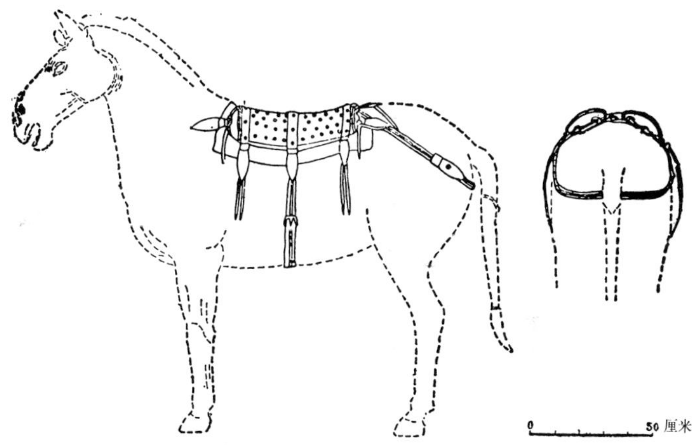

图一八　马鞍（二号坑）

历代沿用，如有改进仅是增加装饰件而已。骑兵的络头、衔镳是沿袭过去车马的用具。车马也有缰，但为一根缰绳，即单缰，但骑兵马的左右衔环上各连接一根缰绳，即双缰。此为骑兵独有的控马用具。骑士手握双缰，在马上既安稳又可自如地控驭马，或驰或停，或左旋或右旋，犹如车马的双辔，使马随人意。

第二，马鞍已具雏形。根据中外资料分析，马鞍的发展似经过这样四个阶段：没有鞍具，骑裸背马；在马背上放置一块皮质或其他质地的坐垫；低桥鞍，鞍下设皮或毡类的鞯；高桥鞍，鞍鞯上有一些装饰件。二号俑坑出土骑兵马背上的鞍，属于低桥鞍。其前后两端略略隆起，中部低凹，近似马背上的坐垫，但又与之不同，是鞍的早期形态。另外，鞍上虽有肚带和后鞦，但却没有攀绕马胸的胸带，鞍易于向后滑动。这说明此时的马鞍还处于初级阶段。

中国的马鞍出现于何时？由于文献和实物资料的不足，目前学术界还没有一致的看法。有的学者认为“春秋时我国可能已有雏形的鞍”[21]。此说尚乏实物验证。咸阳塔儿坡战国中晚期秦墓出土的两件骑马俑，马背上无鞍或坐垫，骑裸背马[22]。洛阳金村出土的战国铜镜上的骑兵图像，马背上已有雏形鞍，但鞍的两端不隆起，无鞯，比秦俑坑骑兵马背上的鞍还原始。从陕西咸阳杨家湾挖掘出的西汉初年大墓，陪葬坑中骑兵马鞍的鞍桥仍然较低。西汉后期至东汉时，鞍桥逐渐增高，如河北定县出土的西汉后期铜车上饰的马鞍、甘肃武威雷台出土的东汉铜马鞍、山东滕县画像石上的马鞍等，全都是高桥鞍。鞍桥高而直，人不便后仰。到了唐代才改为后桥向后倾斜的高桥鞍。至此，马鞍的形状基本定型[23]。

第三，二号俑坑出土骑兵的马上未见马镫。人们从陕西咸阳杨家湾西汉大墓及徐州狮子山西汉大墓陪葬坑出土的骑兵俑群以及大批汉代画像石上的骑兵图像上，均未发现马镫。湖南长沙出土的西晋永宁二年（公元 302 年）釉陶骑俑的镫，是目前发现的最早的马镫资料。这时还是单镫，仅在鞍的左边系镫，右侧无，供上马时踏足用，是马镫的早期形态。到东晋十六国时出现了双镫[24]。隋唐时马镫的形制趋于定型化。

双镫的出现，是马具完备的标志，在骑兵发展史上具有划时代的意义。骑士双足踏蹬，可以借助小腿的动作熟练地控驭坐骑，把双手解放出来便于灵活地操持兵器，以提高骑兵的攻击力，同时还可以使骑士与马进一步结合成一体，以减少马疾驰时骑士跌落的危险。

（2）骑士俑的装备。二号俑坑出土的骑士俑有不同于车兵和步兵的专门的服饰。车兵和步兵俑的上衣为交领右衽，双襟宽大交互掩于背后，形如圆筒。这种上衣坐车尚可，抬足上马则不便。骑士俑身穿窄袖口、长度及膝的上衣，双襟较小，交互掩于胸前，襟边的开合口在胸的右侧，举足上马十分方便，人坐在马背上后双腿易于叉开。骑士俑的下身穿长裤，裤口紧束足腕，足登短筒靴。这种服装就是公元前 307 年赵武灵王为发展骑兵，令国人着“胡服”习骑射的胡服。这是目前考古资料中最早的关于胡服的形象记录。此种服装到汉代时称为袴褶，上衣为褶，下衣为袴。魏、晋、南北朝至隋、唐时，上下通用，皆为军服及旅行服装。隋、唐时兼作时服。唐末渐废，宋时仅仪卫人员尚用。

二号俑坑的骑兵俑均身穿铠甲，但铠甲的形制与车兵、步兵俑的铠甲不同。骑兵俑的铠甲较短，下摆仅到腰际，双肩无披膊（即肩甲）而车兵和步兵俑的铠甲则长及臀部，把上身全部罩于甲衣内，且双肩多有披膊。御手俑的披膊有的长及手腕，手上并有护手甲。由于骑兵俑的铠甲短小，人骑在马上时，甲的下摆不触及马背，比较灵便，双肩无披膊亦便于操持兵器。骑兵突出的特点是轻便、快速，故其装备较轻。

骑兵俑均头梳六股宽辫形扁髻反贴于脑后，头戴小冠（古名皮弁）。小冠的形状为圆形，犹如覆钵。冠的两侧各有一长耳，耳的下端各有一条带，二者对接扣于颔下。骑在马上疾驰时不易被风吹落（图一九）。

秦俑坑骑兵俑武器的配备，二号俑坑尚未全部发掘，骑兵俑武器配备的情况尚难作准确的判断。根据目前已知情况，与骑兵俑一起出土的有成束的铜镞、弓、弩机及残铜剑等兵器。骑士俑的手势是一手作牵拉马缰状，另一手作持弓弩状。这说明骑士俑配有弓弩及铜剑等兵器。弓弩是远射程兵器，剑是近距离格斗的兵器。赵武灵王教国人穿“胡服”习“骑射”，说明从战国到秦王朝时期，骑兵配备的主要武器为弓弩。弓弩利于中、远距离的战斗，近距离则不易发挥威力。剑利于近距离格斗，但只能刺击，砍杀则易折断。骑兵行如旋风，疾驰时用剑刺击不便，只有用刀挥臂砍杀的杀伤力才大。但战国和秦王朝时还没有长刀，这是骑兵发展的早期阶段在武器配备上不完善的反映。到了汉武帝时期，骑兵已发展为作战的主要兵种，长刀应运而生。骑兵与敌军交战时，远则用弓弩射击，近则用长刀劈杀，极大地发挥了骑兵的威力。恩格斯在《骑兵》一文中说：“马刀无疑更适于白刃格斗；矛太长、太重，用来冲锋未必适宜，但在追击溃逃的骑兵时，它成了极有效的武器。几乎所有善骑的民族都指靠马刀。”[25]

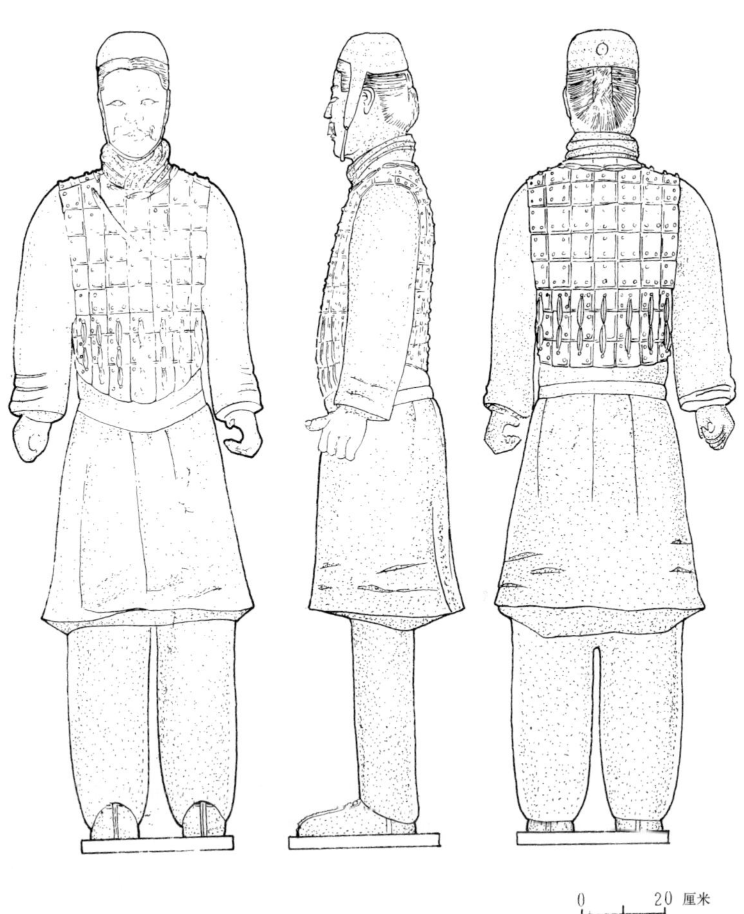

图一九　骑士俑（二号坑）

从文献和考古资料来看，秦末至两汉时期的骑兵还配备有戟或戈、矛等长柄近距离作战的兵器。据《史记·项羽本纪》记载，楚汉相争时“汉有善骑射者楼烦，楚挑战者三合，楼烦辄射杀之。项王大怒，乃自披甲持戟挑战”。山东汶上县孙家村出土的汉画像石上的骑兵格斗图像，有的骑士持弓射击，有的骑士手持长戟，其中一名已刺中敌方骑士的颈部[26]。江苏铜山县茅村出土的汉画像石上的车马图像，车前有两个骑士手中持矛[27]。甘肃武威雷台汉墓出土的铜骑士俑，有的手持戟，有的持矛[28]。据此推测，秦王朝时期的骑兵除配备有弓弩、剑外，似亦应有戈、戟、矛等兵器。这样才能适应于远战与近斗。

2. 秦骑兵的马与骑士的选拔

秦骑兵的马要经过严格的选拔与训练。据湖北云梦睡虎地秦简《秦律杂抄》记载：“驀马五尺八寸以上，不胜任，奔摯（縶）不如令，县司马赀二甲，令、丞各一甲。先赋驀马，马备，乃粼从军者。到军课之，马殿，令、丞二甲；司马赀二甲，法（废）。”[29]驀马，即骑兵用的乘马。这段律文清楚地说明了骑兵用马的挑选标准及方法：马的高度在五尺八寸（即1.33米）以上，马要经过调教训练，奔驰和系羁时要听骑者的指挥，否则，县司马、县令、县丞要受罚；选中之马送到军队后要再次进行考核，如马被评为下等，县令和县丞要受罚，县司马并要被革职且永不被录用。这是因为县司马主管军马，因而受惩罚要较县令、县丞更重。这说明秦代对骑兵用马的挑选是非常严格的。二号兵马俑坑出土的骑兵陶马均为雄性，膘肥，劲健，通首高1.72米，至鬐胛高1.33米。马高的测量都是以鬐胛的高度为准，这是因为马头的高低难以固定。俑坑骑兵陶马的高度与秦律规定的选拔骑兵马的标准高度完全相同，这也恰恰说明俑坑的骑兵陶马是以真马作为原型来塑造的。

骑兵马的来源，从云梦秦简有关律文看，主要来源于官府的厩苑。县司马掌管县厩苑中军马的调教与选拔，因此军马的优劣与县司马有着直接的关系。秦向来以养马著称，到秦王朝时养马业更盛，中央和地方都有养马的厩苑，以供骑兵和车兵的用马。

秦骑士是从士兵中挑选的。云梦睡虎地竹简《秦律杂抄》曰："先赋驀马，马备，乃粼从军者。"这段话的意思是说：先征调骑兵的马，马齐备后，再从兵卒中选拔骑士。关于选拔骑士的标准，《六韬·武骑士》说："选骑士之法，取四十以下，长七尺五寸以上，壮健捷疾，超绝伦等；能驰骑彀射前后左右，周旋进退，越绝堑，登丘陵，冒险阻，绝大泽，驰强敌，乱大众者，名曰武骑之士，不可不厚也。"这就是说充当骑士的条件有如下几点：一、年龄在四十岁以下的青壮年；二、身高在七尺五寸（即 1.73 米）以上；三、身体健壮，行动机敏轻捷；四、骑射技艺娴熟；五、善于控制坐骑，周旋进退驰驱自如，并能越险阻、绝大泽；六、机智、勇敢。从《六韬》所说的关于选拔武骑士的标准来看，古代对骑士的要求很高，选拔十分严格。秦骑士的选择亦应基本符合上述条件。

秦自战国以来实行普遍的征兵制，服兵役的主要是农民。丁男十七岁开始服兵役，首先要在郡、县内接受军事训练。训练的内容因兵种不同而异。步兵要训练的内容主要是兵器的使用、单兵动作及队形的变化；车兵的御手要习驾驭车马的技艺；骑士要习骑射战阵。没受过训练的士兵是没有战斗力的乌合之众。

3. 秦国骑兵的出现与发展

从二号兵马俑坑出土的骑兵俑的装备来看，已非原始形态，这说明其间已经历了一个相当长的发展阶段。那么，秦国的骑兵究竟始于何时？这是一个重大的学术问题。据《韩非子·十过》记载：秦穆公二十四年（公元前636年），秦以“革车五百乘、畴骑二千、步卒五万，辅重耳入之于晋，立为晋君”。关于“畴骑”有两种不同的解释。一说“畴，等也。言马齐等，皆精妙”（《韩非子·十过》王先慎注）。一说畴骑即骑兵。“畴骑二千”，说明秦国拥有大量的骑兵队伍[30]。

笔者认为第二种说法较为合理。“畴骑”即精良的骑兵，与革车、步卒并列成为秦三个不同的兵种。秦穆公时出现骑兵是可能的。恩格斯在《骑兵》一文中说：“马匹用于乘骑和军队编有骑马的部队，这自然首先发生在那些自古以来就产马，而且气候和青草适于马匹生长的国家。”[31]秦地处西北，西北地区自古以来就是产马的地方。秦向来也以养马著称于世。远在西周孝王（公元前884～前870年）时，秦的祖先“非子居犬丘，好马及畜，善养息之。犬丘人言之周孝王，孝王召使主马于汧渭之间，马大蕃息”[32]。秦养马业的发展为骑乘及骑兵的出现创造了先决条件。再者，秦居于西北地区，长期与戎族杂居，与戎族的战争自秦仲到穆公时一直不断。戎人过着游牧生活，长于骑术，秦人以骑御之是合乎情理的。况且，早期的秦人亦以畜牧业作为其重要的生活支柱之一，骑术亦应是秦人的长技。秦穆公通过与戎族的战争，益国十二，开地千里，最终成为西北的霸主。与戎人的战争能取得如此的辉煌战绩，恐与穆公建畴骑有关。这时骑兵与车兵、步兵并列，已成为独立的兵种。与秦穆公年代相当的晋国，在文公时也出现了骑兵。

据《吕氏春秋·不苟》记载："晋文公将伐邺，赵衰言所以胜邺之术，文公用之，果胜。还，将行赏。"赵衰曰："赏其末则骑乘者存"[33]。晋国因与北方的狄族接壤，为了对付狄人的骑兵而建立骑兵。其数量不多，似还未像秦国那样成为独立的兵种。

战国是秦和中原各国骑兵迅速发展的时期。像战国初年的《墨子》已谈到骑兵"车为龙旗，骑为鸟旗"[34]。骑兵已有了不同于车兵的专门旗帜，显然已成为独立的兵种。到战国中期，东方各国都已普遍组织起数量庞大的骑兵队伍，如燕国"带甲数十万，车六百乘，骑六千匹"，赵、楚"带甲数十万，车千乘，骑万匹"，魏有"骑五千匹"。据《史记·张仪列传》记载："秦带甲百余万，车千乘，骑万匹。"秦昭王四十七年(公元前260年)，秦、赵长平大战，秦将白起曾出"奇兵二万五千人绝赵军后，又一军五千骑绝赵壁间。赵军分而为二，粮道绝"。"赵不得食四十六日，皆内阴相杀食……秦军射杀赵括。括军败，卒四十万人降武安君"(《史记·白起列传》)。在一次战役中投入骑兵的数量多达五千骑，说明骑兵已成为秦国对外战争的一支重要力量，在战争中发挥了巨大作用。

综上所述，骑兵最迟于春秋初期就已在我国西北部和北部的少数游牧民族地区首先出现。到春秋中期，与西北部和北部游牧民族接壤的秦、晋，为应付戎狄骑兵的侵扰也建立了骑兵。战国时期，各国骑兵的数量骤增。赵武灵王的"胡服骑射"，是骑兵发展史上的一次重大的军事改革。改革的主要内容是变服，即改穿便于骑射的胡服。这对骑兵的发展起了巨大的作用。

（四）兵　　器

一、二、三号兵马俑坑已出土的青铜兵器共计四万余件，其中绝大部分为青铜镞，另有剑、戈、矛、戟、铍、殳、钺、弓、弩等。铁兵器十分罕见，只出土铁矛一件、铁镞二件、铁铤铜镞四件。有的铜兵器上刻有铭文，为研究秦代兵器提供了珍贵的实物资料。

1. 兵器的类别

兵马俑坑出土的兵器大致可分为三类，即短兵器、长柄兵器和远射兵器。

（1）短兵器。短兵器有剑和金钩两种，均为青铜质。剑已出土二十四件，其中残剑五件。剑通长 81～94.8 厘米，其中身长 64.2～73.2 厘米，茎长 16～21.8 厘米。剑身中部起脊，两面共计四纵四锷，近基处腊广一般为 3.4 厘米，近锋处束腰宽约 2 厘米。剑身制作工艺规整，刃锋锐利。剑首有的为圆盘形，有的为菱形筒状。剑茎上夹有竹片，再用丝线缠扎。有的剑出土时仍套在剑鞘内。鞘为木胎，外面包裹麻布，再用丝线缠扎，髹褐黑色漆。鞘的末端有铜琕，鞘上有铜璏、骨管等饰件。剑为实用兵器，和前代剑相比，剑身加长，刃锋锐利，穿刺力更强（图二〇）。

金钩，二件，一号俑坑出土。其形状象弯刀，分身、柄两部分。身呈弯月形，齐头，双刃，断面呈枣核形。柄为椭圆柱体。通长 65.2 厘米，身宽 2.2～3.5 厘米，重 1.045 公斤。此铜兵器为考古史上首次发现。有的先生将此兵器定名为“吴钩”[35]。吴钩一名后起，始见于南北朝时期。其原名应为“金

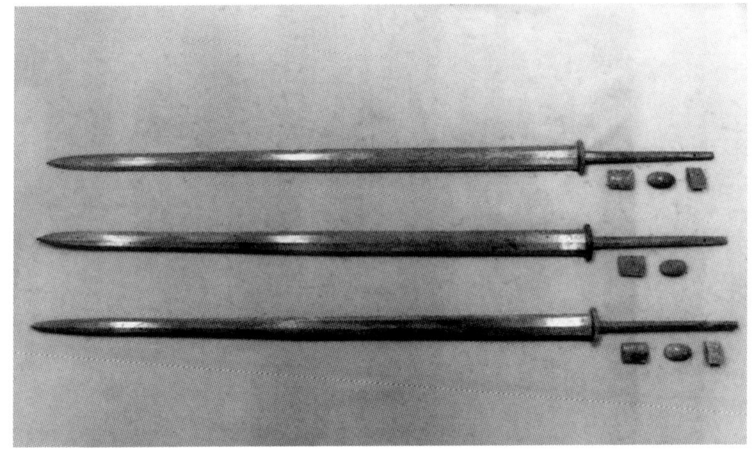

图二〇　青铜剑（二号坑）

钩”。据《吴越春秋》记载：春秋时吴王“阖闾原宝莫邪，复命于国中作金钩。令曰：‘能为善钩者，赏之百金。’吴作钩甚众。”《汉书·韩延寿传》曰：“延寿又取官铜物，候月蚀铸作刀、剑、钩、镡，放效尚方事。”关于钩的形状，颜师古注：“钩亦兵器也，似剑而曲，以钩杀人也。”钩的使用方法，因形如弯月，两面有刃，可钩杀亦可推杀，因无锋，不能用于刺杀。上述二件金钩出土于一号兵马俑坑，在军队前锋部队左右两端的军吏俑附近，当为军吏佩带的仪卫性的短兵。

金钩最早造于吴地，故后世又称之为吴钩。南朝宋鲍照的乐府诗《代结少年行》曰：“骢马金络头，锦带佩吴钩。”唐代李贺的《南园》诗曰：“男儿何不带吴钩，收取关山五十州。”佩带吴钩一时成为青年男子的时尚。到宋代时，此兵器已在中原地区消失，南部地区仍沿用。北宋沈括《梦溪笔谈》说：

“吴钩，刀名也。刀弯，今南蛮用之，谓之葛党刀。”其实，名之为刀，不妥。刀是一侧有刃，用来砍杀。吴钩两侧有刃，用之于钩杀或推杀，故名钩较为妥帖。钩和剑、刀一起总名之为短兵，用于近距离的格斗，是护身武器。

（2）长柄兵器。一、二、三号兵马俑坑出土的长柄兵器，有矛、戈、戟、钺、殳、铍六种。其中除一件铁矛外，其余均为铜兵器。矛、戈、钺的形制，与以往出土的战国中晚期的同类兵器基本相同。

铜戟，四件，一号俑坑出土，为戈、矛的联合体。戈头为长胡四穿，弧援，刃内。柲为木质，少数为积竹柲，通长 288 厘米。有的戟出土时戴有韬（一名室），矛头和戈头部分各有一韬。戈部的韬又分为左右两片，左片套于戈的援和胡部，右片套于内部。韬由上下两块竹片合成，外部包裹麻布并髹褐黑色漆。戟的柲部用线组缠扎，通体髹褐色或黑色漆。其下、中、上部各有一段朱色的图案花纹。柲的下端装有铜镈。戟的矛和戈部多有刻铭。如此较完整的长柄兵器，为秦代考古首见[36]。

铜殳，三十一件，其中一号俑坑出土一件，三号俑坑出土三十件。殳为长柄兵器，分为首与柲两部分。首为青铜质，呈圆筒形，顶端为三角锥形，长 10.5 厘米，径 2.3 厘米，銎深 8.9 厘米，用以装柲。三号坑出土的殳有的尚残存长约 1 米的木柲。柲原长不明。

殳始见于周，是捶击用的兵器。《诗·卫风·伯兮》曰：“伯也执殳。”毛传：“殳，长丈二而无刃。”《睡虎地秦简·法律答问》曰：“邦客与主人斗，以兵刃、殳梃、拳指伤人。”殳与梃为同类，也证明其无刃。这与兵马俑坑出土的殳相同。陕西周原博物馆藏有一环状带刺的铜殳，亦无刃。湖北随州曾侯乙墓曾出土一件带矛状头的铜殳，可刺杀，亦可捶击。这是改进型的殳，但其流传不广。从目前的考古资料看，基本上都是无刃的殳。

由于殳无刃，不能用于钩、刺、砍杀。尤其到春秋、战国时，弓、弩、戟、戈、矛、铍成为作战的利器，殳相对地说来比较落后，已逐渐退居为礼仪性的兵器。三号兵马俑坑是统帅一、二号兵马俑军阵的指挥部。三号坑内担任警卫的武士俑手中执的兵器基本上都是殳，是目前我国发现最早的大型执殳仪仗队的形象记录。这种执殳的仪仗一直延续到唐。《新唐书·仪卫志》说："元日冬至大朝会……又有殳仗、步甲队，将军各一人检校。殳仗左右厢千人，厢别二百五十人执殳，二百五十人执叉……殳叉以次相间。"[37]

铜铍，十六件，均出土于一号兵马俑坑。铍是由铍头和柲、镦等组成，是与矛相似的长柲刺兵。铍头的形状和短剑相似，长 35.3～36.5 厘米，其中身长 23.1～24.7 厘米，近格处宽 3～3.3 厘米。茎长 10.9～12 厘米。茎插于木柲的上端，用铜钉固定，再以线组缠扎。柲通体髹褐色漆，并有一段段的朱色环带纹。柲下有铜镦。通长 3.59～3.82 米。铍头部套有韬(一名室)。韬由两片木板作胎，再用皮条缠扎成人字形纹，髹漆，近口处有朱书"寺工"二字。铍身上均刻有铭文[38]。

铍之名最早见于《左传·襄公十七年》。其文曰："使贼杀其宰华吴，贼六人以铍杀诸卢门。"又见于《左传·昭公二十七年》中，吴王门阶"夹之以铍"。由此可见，铍是春秋时代流行的兵器，延至秦汉，汉代设有"长铍都尉"，汉以后消失。

已往的考古资料未见完整的铍出土，出土的多为铍头未见柲，因而误断为短剑。张占民的《长铍初探》一文，曾作过辨正，把过去已著录的三十件误认为短剑或匕首的铍头予以订正[39]。文献上关于铍的注释多含糊不清，众说纷纭。有谓铍是剑的别名，也有谓铍是两刃小刀，还有的说是"剑刀装也"、"长矛也"等[40]。兵马俑坑完整长铍的发现，终于拨开迷雾，使人们对其获得了清晰的认识。铍与剑、刀的主要区分在于，铍是长柄刺兵，剑和刀是短兵；剑、刀的茎部有首，而铍形似剑，但茎末无首。铍和矛虽同为带长柄的刺兵，但铍头较矛头长且更锋利。矛有筒形骹，铍头的下端无骹，是把茎部插于柄端以钉固定，再用线组缠扎。铍头与柄的结合不如矛坚固，且铍头远较矛头的制作工艺复杂。这可能是铍不如矛延续的时间长，而早于矛消失的原因。

关于铍名称的演变，张占民在《长铍初探》一文中称，在西周时称为"夷矛"，到春秋、战国时夷矛又演变了许多名称，

图二一　铜铍（一号坑）

并说："归纳起来这些名称实际上是两个系统，江东一带称铍，秦与中原一带称锬，燕称钛也包括在内，秦灭楚后同时也称铍……但是不管名称怎样变化，均指一种'长矛'、'大矛'或曰'夷矛'的兵器。"此可作为一说。但应指出，其作用类似于矛，而不等于矛。长铍又名长铤，其异名又有锬、铫等（图二一）。

（3）远射兵器。兵马俑坑出土的远射程兵器主要是弩，仅一号兵马俑坑东端的五个探方内，就发现弩的遗迹一百三十余处，铜弩机一百五十八件，成束的箭二百八十箙，零星的铜镞一万余支。

弩：秦俑坑出土的弩由弓、弩臂及铜弩机三大部件组成。弓为木质，长130～144厘米，弣部径3～5厘米，箫径2～3厘米。弓通体用皮条缠扎，表面涂褐色漆。弓弦长108～124厘米，径0.6～0.8厘米。弓置于弩臂前端的含口内。弩臂为木质，长70～76厘米，宽4～5厘米，厚5.5～7厘米。弩臂的前端距含口6～11.5厘米处的左右两侧各有一长方形木耳（即木橛），用两根线绳前端缚弓，后端分别系结于左右耳上，使弓固定于弩臂的含口内。弩臂的后端有用竹片做的关，关后有长方橛状的木托，并装有铜弩机件。弩臂的上部为平面，中间有承箭的凹槽；弩臂的下部呈圆弧形，左右两侧的中部呈内凹的弧形，这样便于握持。弩臂通体涂褐色漆（图二二）。

兵马俑坑出土如此完整的弩，在秦代考古中是首次发现。关于秦弩的特点，刘占成在《秦俑坑弓弩试探》一文中，作了这样的概括：一是弩臂加长，增大了弓的张力，增加了弩的射程，威慑力更大；二是由于弩臂双耳的设置，增强了弓与弩臂的结合；三是形制的规范化，相同的弩机件可以互换[41]。上

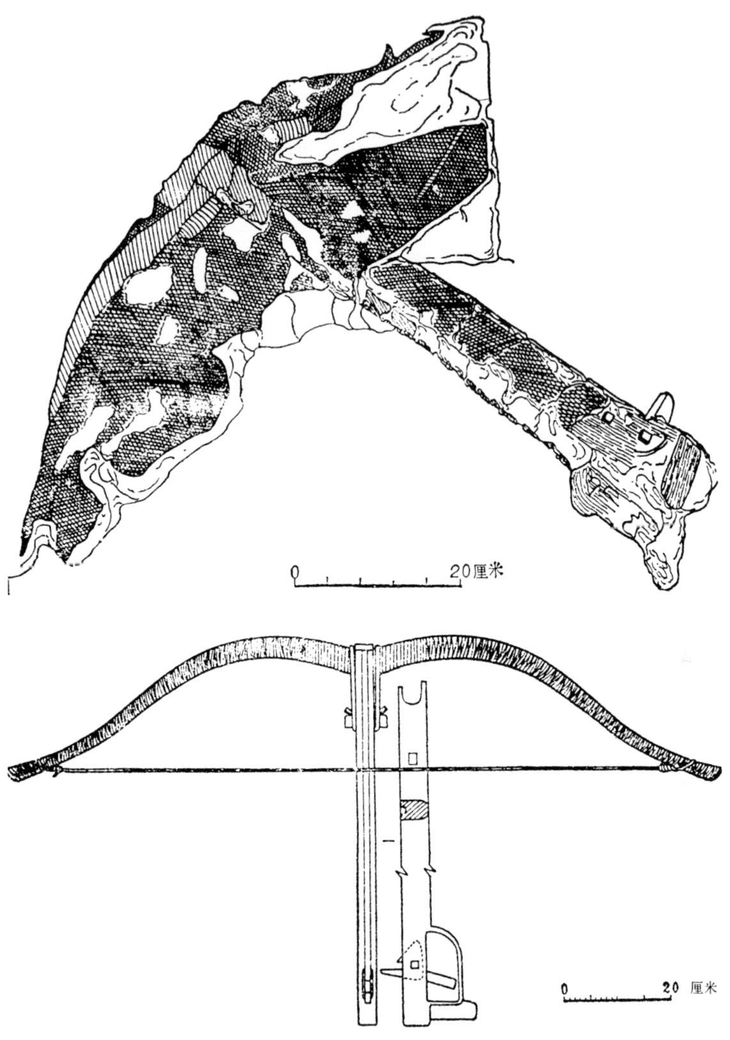

图二二　弩遗迹及弩复原示意图（一号坑）

述概括基本正确，不过特别值得注意的是如下几个方面：

第一，秦俑坑出土弩的形制和结构，与战国晚期弩相似，弩的铜机件仍置于弩臂后端的木廓内。但是，一号俑坑在1996年清理的过程中发现了两件带铜廓的弩机，陕西凤翔县一秦墓内亦出土一件带铜廓的弩机。铜廓较木廓弩机提高了机械的灵敏度和稳定性，增强了弩的杀伤力和使用寿命，是一项重要的科技革新，使弩进一步定型化。过去认为带铜廓的弩机始于汉，新的资料证明它始创于秦，到汉代开始普遍推广应用，并为后代继承。

第二，以往人们对战车上弩的放置位置、战车上强弩的张法均不清楚。一号兵马俑坑第二次发掘时，在一战车前軨的外侧发现呈鸭首形向上弯曲的铜钩形构件一对。秦始皇陵一号铜车的前軨外侧亦发现一对形制与上述相同的银质钩形构件，构件上承托着一铜弩。此种构件在以往出土的考古资料中多称之为承弓器，并误认为是装于弩臂的前端用以承弓。新的考古资料证明，此构件不是装于弩臂的前端，而是装于战车前軨的左部外侧。其作用有二：一是在战车上用以张强弩；二是用以承弩。其名称不应称之为承弓器，应名之为弩辄。辄为蹠的假借字。此构件是双足的模拟，用以代替蹶张。

古代弩的张法有三种：一是臂张，即用手拉弦引而张之；二是蹶张，双足蹋住弩弓的弣部，用手拉弦开张。三是腰引，以双足蹋弓，然后用腰际系结绳上的钩形构件钩住弦引而张之。后两种方法用于强弩。战车上用的多为强弩，其张法不外乎蹶张及腰引，腰引亦需足蹋。在车疾驰的情况下，人立在车上是不便以双足蹋住弩弓的。安装在车前軨外侧的两件并列的钩形件的含口卡住弩弓的弣部，好像人的双足蹋住弩弓，然后以手引弦或采用腰引把弦后拉挂于弩牙上。这就解决了战车上强弩张法的难题，同时也可借以承弩。这是运用仿生学原理进行的一种巧妙的创造。

第三，一号俑坑出土的弩带有韬。过去人们知有弓韬，而对弩是否有韬不太清楚。俑坑弩韬的发现，使人们获得了新知。弩韬的形状有两种：一种是由两片半月形的麻布合成，背部用线组缝合，前侧开口，口缘押有绦边，通体髹褐色漆，形状好似海蚌。为了开合方便，在韬的内侧用两根呈倒八字形的木条支撑。韬长 144～150 厘米，最宽处 19～25 厘米。把弩弓和弩臂的前半部套于韬内。另一种平面呈“丁”字形，和前一种的主要区别是除弩弓外，弩臂的大部分亦置于韬内，仅将弩臂的末端装弩机的部分露于韬外。前一种出土的数量最多，后一种仅有一件。

第四，秦始皇陵出土的一号铜车上的铜弩，在弩臂的前端有一横孔，孔内贯穿一绳状的铜丝，铜丝的两端系结于弩弓的渊部，位于弦的内侧与弦前后平行。此种结构为考古史上的首次发现。兵马俑坑出土的弩均为零散的残迹，未见此绳索装置。此绳索的作用是用以护弓，当弩发射时受绳拘约，可以防止因强大的反弹力造成弓体损伤，或弓体从弩臂的含口中滑脱；当弩弓弛弭不用时，又可以防止因弓体自身的自然应力作用造成反弹扭戾，使弓失形不能再使用。根据《考工记·弓人》等古文献记载，古代弓弭时以竹片置于弓弣部的内侧以绳系约，用以防止弓体的损伤及变形。此保护性装置名曰弓檠。秦弩上绳的装置是由古弓檠演化而来的变体，且较其更为简便、先进，在弩弓弛弭及发射时均起保护作用。这一装置为以往人们所不知[42]。

箭及箭箙：兵马俑坑内共出土箭二百八十束，每束一箙，每箙有箭约百支。另外还出土零散的铜镞一万余支。箭通长68～70厘米，前端装镞，后端附羽。箭杆分竹质和木质两种，表面髹漆涂彩，前段涂朱红，后段涂褐色。涂色多分为三段：上段赭黑、中段朱红、下段赭黑。箭的末端有括与羽，括深约1厘米，羽毛13～18厘米。

秦俑坑出土的箭及箭箙，引起人们注意的有如下几个方面：

第一，所有的箭镞基本上都是铜镞，而铁镞仅见二件、铁铤铜镞仅见四件。这说明铁镞在秦代十分罕见。它取代铜镞在战争中广泛使用似始于汉。

第二，铜镞均为三棱锥形，依其长短、轻重大致可分为大、小二型。大型铜镞，最长者达41厘米，重100克。其中镞首长4.5厘米、铤长36.5厘米。铤和镞首的重量相等，各重50克。小型铜镞一般通长15厘米左右。其中镞首长1.8厘米，铤长13厘米左右。镞首与铤的重量亦大体相等。小型铜镞当用于一般弓弩，大型铜镞用于强弩。镞首重而铤加长，镞首与铤的重量大体相当。这样才能使箭的重心大体位于箭杆的中部，使箭在飞行的过程中易于保持平衡，不致于造成前重后轻，使箭飞不远，穿透力亦弱。这是长期实践的科学总结，符合力学原理。

第三，出土了大批箭箙遗迹，填补了秦代考古史上有关这一问题的空白。箙的形状呈长方筒形，用麻绳编织而成，通体髹漆。箙筒高32～39厘米，口径17×5厘米或21×9厘米，底径19×8厘米。箙的背面有一长74厘米、顶端呈云头状的木板，并有两根藤条沿木板的顶端而下，末端系结于箙底上。

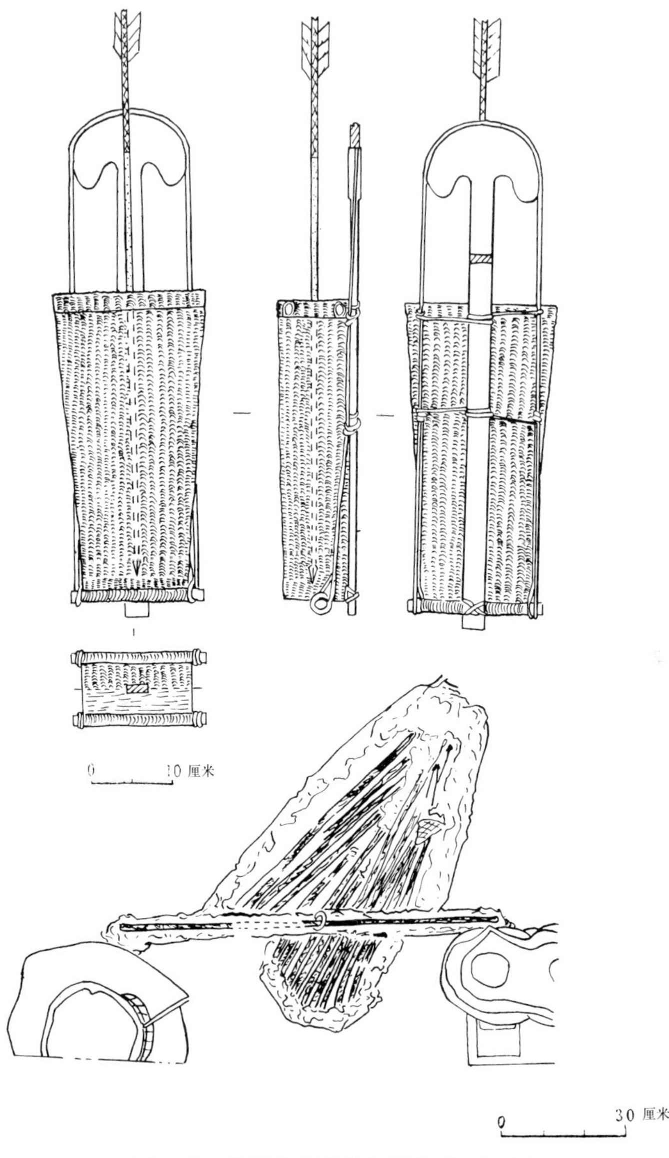

图二三　箭箙遗迹及箙复原图（一号坑）

箙口沿上有两个纽形环，环内贯绳以便佩带。陶俑的背甲上，上下各有一陶环，有的陶环内存麻绳残迹，说明箭箙是用绳系于俑的背后。这不但使人们对秦代箭箙的形状有所了解，而且对其佩带方法亦一目了然（图二三）。

秦始皇陵出土的一号铜车上有两个箭箙。一呈带盖的长方盒状，上有铜链悬吊于车内；一呈长方筒形。这两种是战车上专用的箙，与兵马俑坑出土的武士俑佩在身上的箙的形制不同。这使人们对秦代箭箙的分类有了全新的认识。

第四，每个箭箙内装多少支箭？长期以来含糊不清。从兵马俑坑及一号铜车上箙的情况来看，箙有大、中、小之分。俑坑出土的箭箙均为大箙，一箙装箭少者八十支，多者一百余支，而以一百支者数量最多。《尚书·文侯之命》曰："彤弓一，彤矢百；卢弓一，卢矢百。"小盂鼎的铭文亦有："弓一，矢百"的记载。文献与实物两相对应，完全相符。一号铜车上的一带盖盒状的箙内有箭五十四支，其中四支为异形的平头箭，余下的五十支为三棱形镞首的箭。这与《荀子·议兵篇》所载的"操十二石之弩，负服，矢五十个"完全契合。此为中箙。一号铜车上的另一筒形箙内有箭十二支。此为小箙。《汉书·匈奴传下》有赐呼韩邪单于"弓一张，矢四发"的记载。颜师古注："服虔曰：'发，十二矢也。'韦昭曰：'射礼三而止，每射四矢，故以十二为一发也。'"古代射礼，射分为三番，每番射箭四支，三番共十二支。四支又曰一乘。《仪礼·既夕礼》曰："矢一乘。"郑玄注："四矢曰乘。"十二支箭即三乘，又名一发。秦俑坑及铜车上大、中、小箙的发现，澄清了以往人们对一箙内有多少支箭的模糊认识，对研究古代兵器史具有重要的学术价值。

第五，一号俑坑出土九件铜镞形器，通长26.6厘米，分首、铤两部分。首像毛笔头，上面饰有毛发状细纹，长3.6厘米，最大直径1厘米。铤为圆柱体，长23厘米，直径0.3厘米。首和铤一次铸成，通体涂白色，未见有木或竹杆。其名称和用途不详。有人认为是标枪，有的认为是笔，《秦始皇陵兵马俑坑一号坑发掘报告》暂名为镞形器。此器为考古史上首次发现，其确切的名称和用途尚待进一步研究。

2. 兵器的配备组合

殷周至秦代的各种兵器，以往的考古资料比较习见，但多属于墓葬和窖藏出土，和军队不连属，因而关于不同兵种的武器装备及军阵中不同兵器的配备组合情况不明。秦始皇陵兵马俑坑的发现，提供了具体而生动的实物例证，填补了有关领域的空白。

短兵器、长柄兵器及远射程兵器，就其在战场上的作用而言，各有所长，又各有所短。前两种兵器只能用于近距离的厮杀格斗，远则不及。远射程的兵器弓、弩，中远距离杀伤力强，近距离则发挥不了威力。因此，一支军队在武器的配备组合上一定要长、短兵器结合。现以一号兵马俑坑东端五个探方出土的二千件兵马俑为例，说明各种兵器配备组合的情况。

前锋部队：有步兵俑二百零四件。根据其手势可知，有十一件俑手持矛、戈等长柄兵器，其余的均作提弓弩状。伴出的兵器有弩的遗迹五十二处、铜弩机四十件、成束的铜镞一百一十二箙、铜剑四件、剑的附件二十二件、金钩二件、铜矛一、铜镎六件。这说明前锋部队配备的主要兵器为弩，另有少量的长柄兵器及短兵器。

军队左右两侧的部队：即一号和十一号过洞内的步兵俑。

一号过洞内已修复好的俑六十二件。其中六十一件俑的手作持弓弩状，另一件俑手作持长柄兵器状。伴出的兵器有弩的遗迹五十二处、成束的箭五十二箙、零散铜镞一千一百一十六支、铜矛一件、铜剑六件、剑的附件二十四件。十一号过洞已修复好的陶俑五十七件，其中五十五件俑手作持弓弩状，二件俑手作持长柄兵器状。伴出的兵器有弓弩遗迹二十二处、铜弩机三十七件、成束的箭五十三箙、零散铜镞一千四百八十三支、残剑二件、剑的附件二十二件、戈一件、镦二件。上述情况清楚地说明：军队两侧的士兵，手中所持的兵器主要为弓弩，兼有少量的短兵器铜剑，个别的手持长柄兵器。

军阵主体部分的部队，包括二至十过洞内的步兵俑。根据已修复好的俑的手势及伴出兵器的情况可知：二、三和九、十过洞内的步兵俑配备的兵器，主要是戈、矛、戟、铍等长柄兵器，弓弩所占的比例较小，约为长柄兵器的三分之一或四分之一。四、五过洞内的步兵俑配备的兵器，长柄兵器的数量略多于弓弩，其所占比例分别为35∶19、22∶17。六、七过洞内步兵俑兵器的配备，弓弩多于长柄兵器的数量，其所占的比例分别为44∶10、22∶8。八过洞内步兵俑兵器的配备，弓弩和长柄兵器的数量大体相当，为23∶22。总的说来，二至十过洞内步兵俑的兵器配备是远射程的弓弩与戈、矛、戟、铍等长柄兵器相互搭配。一号兵马俑坑曾遭人为的严重破坏，大批兵器散失。但在二至十过洞内仍发现残存的青铜剑十三件，剑首等附件一百零二件。这说明军阵主体部分的步兵俑除持弓弩或戈、矛外，还有部分人员佩剑，形成短兵器、长柄兵器及远射兵器掺杂配置的格局[43]。

综观一、二号兵马俑坑军阵兵器的配置和组合，可以得出如下两条规律：一是军阵的前锋和阵表部分的军队，配置的主要兵器是远射程的弓弩，并兼有少量的戈、矛等长兵器及短兵器剑。二是军阵主体部分的军队，远射的弓弩与近距离格斗的戈、矛、戟、铍等长兵器大体相当，少数俑佩剑，又具长短兵器相配的特征。

弓弩的射程远，穿透力强，是比较先进的武器。因此在攻坚、守阨、险战、设伏、突围、相持、远斗时，都把持弓弩的步兵摆在突出的位置。弓弩居于前锋和阵表，攻利于穿刚达坚，守则利于坚持疾战。这与兵书所说的“长兵在前，短兵在后”（《孙膑兵法·威王问》）、“材士强弩翼吾左右”（《六韬·分险》）的原则相符。关于长短兵掺杂配置的问题，《汉书·晁错传》有精辟的论述：“平陵相远，川谷居间，仰高临下，此弓弩之地也，短兵百不当一。两陈相近，平地浅草，可前可后，此长戟之地也，剑楯三不当一。萑苇竹萧，草木蒙茏，支叶茂接，此矛铤（短矛）之地也，长戟二不当一。曲道相伏，险阨相薄，此剑楯之地也，弓弩三不当一。”因此，兵器的配置必须“长短相杂”，以便长以救短，短以护长。这是古代军事家长期实践经验的科学总结，直至近现代仍然适用[44]。

3. 兵器上的铭文

兵马俑坑出土的青铜兵器上已发现八十多件刻（或铸）有铭文。其中铜弩机上的铭文均为一、二字的编号，铜镈上的铭文为制造的官署机构“寺工”二字，戈、戟和铍上的铭文较长，有纪年、督造者和制造者的名字。为清晰起见，现将重要的铭文列表如下：

秦俑坑铜兵器铭文一览表

顺序号	器名	器号	铭文 部位	刻铭铸铭	内容	件数	备注
1	矛	0451 0639	骹	刻	寺工	2	
2	戈	0924	内正面	刻	三年相邦吕（不韦）造，寺工……	1	铭文锈残
			内背面	铸	寺工		
3	戟	0577	矛骹上	刻	寺工	1	戟为戈和矛的联合体
			戈内正面	刻	三年相邦吕不韦造、寺工讋、丞义、工窎		
			戈内正面		寺工（铸铭）、左（刻铭）		
4	戟	0576	矛骹	刻	寺工	1	戟为戈和矛的联合体
			戈内正面	刻	四年相邦吕不韦造、寺工讋、丞我、工可、戟		
			戈内背面		寺工（铸铭）、文（刻铭）		
5	戟	01392	矛骹	刻	寺工	1	戟为戈和矛的联合体
			戈内正面	刻	五年相邦吕不韦造、寺工讋、丞义、工成		
			戈内背面		寺工（铸铭）、午（刻铭）		
6	戟	0710	矛骹	刻	寺工	1	戟为戈和矛的联合体
			戈内正面	刻	七年相邦吕不韦造、寺工周、丞义、工竞		
			戈内背面		寺工（铸铭）、壬（刻铭）		
7	铍	0450	身	刻	十五年寺工敏造、工黑（竖刻）、寺工（倒书）	1	
			格	刻	寺工		
			茎	刻	丙口、左、戊六（倒书）		
8	铍	0463	身	刻	十五年寺工敏、工窎。寺工（倒书）	1	
			格	刻	寺工		
			茎	刻	十六、子（倒书）		

<table>
<tr><th rowspan="2">顺序号</th><th rowspan="2">器名</th><th rowspan="2">器号</th><th colspan="4">铭文</th><th rowspan="2">备注</th></tr>
<tr><th>部位</th><th>刻铭铸铭</th><th>内容</th><th>件数</th></tr>
<tr><td rowspan="3">9</td><td rowspan="3">铍</td><td rowspan="3">0810</td><td>身</td><td>刻</td><td>十五年寺工敓、工鸟。寺工</td><td rowspan="3">1</td><td rowspan="3">“年”字前面的“五”字不太清晰</td></tr>
<tr><td>茎正面</td><td>刻</td><td>五、戊三</td></tr>
<tr><td>茎背面</td><td>刻</td><td>左</td></tr>
<tr><td rowspan="3">10</td><td rowspan="3">铍</td><td rowspan="3">0448</td><td>身</td><td>刻</td><td>十五年寺工敓造、工黑。寺工</td><td rowspan="3">1</td><td rowspan="3"></td></tr>
<tr><td>格</td><td>刻</td><td>寺工</td></tr>
<tr><td>茎</td><td>刻</td><td>子、三口（倒书）</td></tr>
<tr><td rowspan="4">11</td><td rowspan="4">铍</td><td rowspan="4">0397
0444
0395
0400
0390
0882</td><td>身正面</td><td>刻</td><td>十七年寺工敓造、工鸟</td><td rowspan="4">6</td><td rowspan="4">六件铍的身和格上的铭文相同，茎上的铭文各异0882号格上无铭文</td></tr>
<tr><td>身背面</td><td>刻</td><td>寺工</td></tr>
<tr><td>格</td><td>刻</td><td>寺工</td></tr>
<tr><td>茎</td><td>刻</td><td>子五九（0397）、左（0400）、左、四工口（0444）、子壬五（0390）、子五、丁十（0882）、子、五口、二（0395）</td></tr>
<tr><td rowspan="2">12</td><td rowspan="2">铍</td><td rowspan="2">0791</td><td>身</td><td>刻</td><td>十八年寺工敓、工鸟</td><td rowspan="2">1</td><td rowspan="2"></td></tr>
<tr><td>茎</td><td>刻</td><td>五三</td></tr>
<tr><td rowspan="3">13</td><td rowspan="3">铍</td><td rowspan="3">0401
0829
0396
0445
0398</td><td>身</td><td>刻</td><td>十九年寺工邦、工目</td><td rowspan="3">5</td><td rowspan="3">五件铍身上铭相同
0829号格上无铭文，其余均有“寺工”二字</td></tr>
<tr><td>格</td><td>刻</td><td>寺工</td></tr>
<tr><td>茎</td><td>刻</td><td>子乙六（0829）、八十七（0396）、左、八（0445）、子、六二（0398）、左、六（0401）</td></tr>
<tr><td rowspan="2">14</td><td rowspan="2">弩机</td><td rowspan="2">06</td><td>悬刀</td><td>刻</td><td>十五</td><td rowspan="2">1</td><td rowspan="2"></td></tr>
<tr><td>钩牙</td><td>刻</td><td>十五</td></tr>
</table>

兵马俑坑出土的青铜兵器上的铭文引起了学术界的重视，对此发表了许多专题论文。其中所涉及的问题，主要有如下几

个方面：

(1) 兵器铸造的年代。上表中所列的三年相邦吕不韦戈，三年、四年、五年、七年吕不韦戟，十五、十六、十七、十八、十九年寺工铍等兵器上的铭文纪年，学术界一致认为均属于秦始皇时代，并进而认定秦俑坑内无铭文的青铜兵器亦应是秦始皇时代铸造的[45]。

(2) 兵器铸造的官署机构。秦俑坑出土的铜戈、矛、戟、铍、镦等器的铸铭或刻铭均有“寺工”二字。二号俑坑试掘方出土的马络头的革带上有朱书的“寺工”两处。咸阳博物馆藏有二年寺工师壶一件。陕西历史博物馆藏有二十一年寺工车軎一件。带有寺工铭文的秦代器物目前已发现四十余件，其中大量的是铜兵器，其次为车马器和壶等生活用器。

由于“寺工”一名不见于古籍记载，以往有关的出土物又不多，因而人们将“寺工”误释为寺地之工，后来陈直先生在《古器物文字丛考》一文中指出“寺工应系官工”[46]。兵马俑坑大量带有寺工铭文的发现，使人们对寺工的认识才逐渐明晰。目前学术界一致认为，“寺工”是属于秦中央主造兵器、兼作车马器和宫廷日常生活铜质用器的官署机构名。它始见于秦始皇时代，和秦的少府工室、诏事等都是秦中央主造兵器的官署机构。寺工所造之器主要服务于宫廷。

关于寺工的来源，黄盛璋先生的《秦俑坑出土兵器铭文与相关制度发复》一文指出“寺工来源应和周官寺人有关”，“后期则改称寺工，专为王室制造器用”，“设于少府之下”，“总之秦之少府与寺工，应和周与三晋有关，自中原引进者，而非秦始皇所首创”。从出土的考古实物资料看，汉代亦有寺工，但《汉书·百官公卿表》中只有“寺互”，而无“寺工”。黄先生认为“寺互”乃“寺工”之讹。此说似可信[47]。

(3) 中央督造兵器的铸造地点。秦国兵器的制造有两大系统，一是中央督造，一是地方督造。从以往的考古资料可知，秦中央督造兵器的铸造地，从孝公到昭王时期是在雍、栎阳、咸阳三地，且设有工师主管兵器的制造。到始皇时代设立了少府工室、寺工、属邦工室、诏事等主管兵器制造的官署机构。从秦二世元年丞相李斯戈上有“栎阳左工（师）去疾”的铭文可推知，始皇和二世时中央督造兵器的铸造地和前代相同，仍为雍、栎阳、咸阳三处。秦自献公已将国都由雍迁至栎阳，孝公十二年（公元前350年）又由栎阳迁至咸阳。这种迁都但不把中央兵器制造业迁走的做法是积极的，有利于促进兵器制造业的发展，也反映了秦自献公后对兵器制造业的重视程度[48]。

(4) 关于铭文所反映的秦兵器制度。黄盛璋先生在《秦俑坑出土兵器铭文与相关制度发复》一文中指出：秦俑坑出土兵器的铭文“是多次刻铭”。其所反映的秦兵器制度有三：首先是秦兵器铸造、使用、保管、分配的分权制。铸造机构只造兵器，而不能自留使用，必须上交。此由铭文铸款与刻款以及刻款不同时间次序而获得确证。“例不十，法不立”，而秦俑坑单一号坑所出土的戈、戟、铍就已达二十一件，早过十例，所以这一制度可以定论。其次是接受与验收之权。中央为最高执政者相邦（地方则为最高执政者郡守）验收合格，然后刻上年代和以相邦为首的监造、主造、制造者名字，等于现在的签字认可。如秦俑坑出土戈、戟共五件，铸款皆为寺工，表明为寺工所造。背面刻验收签署之长铭。再者是兵器分配之权。中央归相邦府，就后期所见，一般验收签刻后，交武库统一归口保管。关于武库有无分配兵器权的问题，黄先生说：“看来秦武库不论中央或地方有一定的分配权，但必有条件限制，例如数量、用途、机构等，大量拨出，就必须有诏令。"[49]

(5) 关于秦俑坑兵器铭文与制度的演变。黄盛璋指出：秦兵器铭刻至吕不韦监造戈、戟而臻于完备。其发展演化过程是秦孝公商鞅变法以前，是铸造、保管分配、使用诸权合一，而操于掌管军旅的贵族之手，如秦子戈、矛等。商鞅变法，将兵器诸权收归中央政府，如商鞅三器。此期的铭文只有监、造二级。惠文王至昭王时，在监、造二级之间加主造者工师，随后又在工师后加丞名。始皇时代的吕不韦三年至八年的九件戈、戟铭刻，统一为包括铸造年代、监造者相邦名、主造者寺工(工师)名与丞名、工名。关于秦俑坑出土的十六件寺工铍的铭刻中不见相邦名，黄先生认为是因为"吕不韦免相后，以相邦监造可能中停，而晚期相邦署名监造，也仅是挂名，实际责任主要为主造者工师。天下之事无大小虽皆决于始皇，但兵器验收签刻，不可能亲自过问，而由造兵器机构负责，则由始皇决定，一直维持到他晚年"[50]。

黄先生的上述论述是可信的。他是从兵器的铸造、保管、使用、分配权的角度来看秦兵器铭文与制度的变迁。笔者在黄先生的文章发表以前所写的《秦中央督造的兵器刻辞综述》一文中，曾从"物勒工名制度"的发展和变化的角度，对兵器铭刻的署名制进行了归纳综述，并将秦国物勒工名制度的发展和变化分为如下三期：

初创期：物勒工名制度始于商鞅变法。此阶段的商鞅器，只有督造人任大良造的商鞅，而无司造的工师、工大人或丞，也无铸造的工人名。这反映了秦国兵器上的勒名制度处于不完备的初级阶段。但和此前的秦子戈、矛相比，"兵器上的题名由某人之器变成大良造督造（即中央政府督造）之器，在物的所有权上，是由国君或贵族的私有向封建政府国有的演化，是把兵器的主要铸造权集中于中央政府掌管，这对加强中央集权无疑是有积极意义的”。

完善期：从惠文王到昭王时，兵器刻辞的署名，除督造者相邦外，出现了工师、工大人（或丞）、工等，反映了物勒工名制度的进一步完善。相邦代表中央政府督造。工师是工官之长。其职责一是教育学徒工，传授技艺；二是登录工人的产量，检验产品的规格、质量，考察工人完成生产定额的情况；三是负责按上级交给的本年度的任务及产品的品种规格进行生产；四是负责原材料的管理。工大人或丞佐助工师处理具体事宜。工是具体生产者，其中一部分为奴隶和刑徒，一部分为自由民。

从始皇时代开始中央督造兵器的刻辞格式比较统一，不像前一期那样刻辞中的职名有二级（相邦、某地工师）、三级（相邦、某地工师、工）、四级（相邦、某地工师、工大人、工），体例不一。除始皇前期有少部分不规范外，大部分为四级，即相邦、寺工（或少府工室、属邦工室、诏事）、丞、工。某地工师和工大人在中央督造兵器的刻辞中已不见。

秦始皇十年以后，中央督造兵器的刻辞不见相邦一职，到秦二世元年“丞相斯造”戈又再次出现。这反映了君权和相权消长的变化。它说明自嫪毐之乱被平息，吕不韦被罢相后，秦始皇加强了君主专制，相对削弱了相邦的权力，以防止相邦篡权作乱。除兵器的铭刻中不见相邦外，出土的大量秦权、秦量的铭文，也再见不到类似商鞅量的刻辞，基本上都是始皇的诏书。秦二世元年的“丞相斯造”戈的出现，说明始皇死后二世上台，君权削弱，相权增强[51]。

(6) 秦兵器铭文的分期。陈平先生在研究秦兵器铭文的基础上，作出了不同于上文所述的新的分期。他把中央督造的兵器称之为国都所铸，分为如下五期：一期为“孝公十年至二十四年商鞅任大良造年间”，此“乃新的铸造制度在秦的开创期”；二期为孝公二十五年至惠文王前元十二年，“其铸刻制度已渐趋具体严密”；三期为“惠文王前元十三年始，终于秦昭王二十年前后”，“秦兵刻辞中省、主、造三者俱全，监造制度始称完备”；四期为“估计当始于秦昭王二十一年前后，而终于孝文、庄襄之世”，“最明显的变化是丞的增设”；五期为始皇时代，本期与四期相比“最明显的变化就是用辅助相邦督造的官员寺工或诏事（或释吏）取代了过去的主造官工师。这一方面使本来就带有象征性的省造官相邦更加形如虚设，另一方面辅助主造者丞则近乎成了主造者，这就大大加强丞在主造上的作用”。本期有的“则进一步将相邦去掉，直接由寺工或属邦工师省监与主造”。上述一切变化，表明“秦国都的兵器铸造在本期专门性增强，出现了脱离相邦而独立的趋向”[52]。

自秦始皇陵兵马俑坑内的大批带有铭文的青铜兵器出土后，对秦国铭刻的综合研究骤然趋热。对秦兵器铭文的分期及反映制度问题的看法是仁者见仁，智者见智，尚未取得一致的认识。

(7) 兵器铭文中的人名。《秦中央督造的兵器刻辞综述》一文，曾将中央督造兵器刻辞中的人名列表予以统计，并对其所反映的问题作了分析。相邦栏内的吕不韦一名见于九件兵器上，说明吕不韦为相的始皇时代兵器生产之盛，可见吕不韦在整修内政、富国强兵方面是积极的。工师栏中的讋和敂，讋始见于始皇二年（公元前245年）的寺工戈，至始皇五年吕不韦戟仍为工师，在职至少四年。敹始见于始皇十五年（公元前232年），延至十八年，在职亦至少为四年。这说明工师的任职是相对稳定的。丞栏中的义（与“我”为同一人），从始皇三年（公元前244年）为丞，直至始皇七年的兵器仍见此人。工师虽换了人，而义的职位未变，说明其职位相对稳定。蕺始见于始皇五年和八年的戈铭，职位为丞，至十四年已由“诏事”这一机构的丞升迁为“属邦工师”。他为丞时，负责兵器制造近十年，结果被提升为工官之长，反映了当时选拔工师的标准是有实践知识和技能的人。工人栏内，鸾这个人始见于秦俑坑出土的三年吕不韦戈上，延至始皇十八年的寺工铍的铭上仍有此人，为工历时至少有十六年，可谓是终身的专业工人。此人铸造的兵器有戈，有铍，说明当时兵器的制造分工还不够细密，不是一人专从事一种兵器的生产，而是兼做几种兵器[53]。

4. 兵器的制造工艺

（1）青铜兵器的合金成分。一、二、三号兵马俑坑出土的青铜兵器，均系铸造成型，再经锉磨、抛光等细加工，刃锋锐利。根据《秦始皇陵兵马俑坑一号坑发掘报告（1974～1984）》所公布的有关检测资料，各种兵器成分的合金配比是剑含铜73～76%、锡18～21%、铅0.17～2.18%，矛含铜79.4%、锡18.6%、铅0.75%，镞含铜78.88～88%、锡11.1～17%、铅3～7.71%，镦含铜84.83%、锡15.15%。

关于青铜器合金的配比，《考工记》说：“金有六齐。六分其金而锡居一，谓之钟鼎之齐；五分其金而锡居一，谓之斧斤之齐；四分其金而锡居一，谓之戈戟之齐；三分其金而锡居一，谓之大刃之齐；五分其金而锡居二，谓之削杀矢之齐；金锡半，谓之鉴燧之齐。”秦俑坑出土的青铜兵器的合金配比与《考工记》所说的配比相比较，剑和矛的铜、锡之比与戈戟之剂的配比基本相符。镈的铜、锡之比与钟鼎之剂的配比相同。镞的铜、锡之比则较削杀矢之剂的配比相差很远，加上铅的含量也仅与斧斤之剂、戈戟之剂相近。青铜中含锡的比例不同而硬度亦不同。经测定，秦俑坑铜剑的硬度为 HRb106 度，约相当于中碳钢调质后的硬度，非常锐利。矛和镞的布氏硬度均在 100 以上，亦符合其穿刚达坚的性能要求。镈与剑、矛、镞的作用不同，仅是用以保护长兵器的柄，要求有一定的韧性，所以含锡量低。这说明秦代已能较熟练的掌握各种不同用途器物的不同的合金配比，其冶金技术已达到相当的高度。

秦俑坑出土的铜兵器与殷周铜兵器的合金配比对照，殷代兵器含锡最低，如小屯出土的铜戈，铜 88.98%、锡 4.01%、铅 2.59%。到西周时锡的含量增加到 10.75～14.19%，含量不很固定。到春秋、战国之际，各种青铜兵器的含锡量一般在 20%左右，与秦俑坑出土的青铜兵器的合金之比大体相似。这说明从春秋、战国之际开始，青铜兵器的合金之比基本稳定下来。

（2）青铜兵器的制造工艺。秦俑坑出土的青铜兵器都是铸造成型，再经过锉磨、抛光等细加工，技艺精湛，表明秦代的金属制造工艺较前代又有新的进步。关于秦俑坑青铜兵器制造工艺的研究，已发表了许多专题论文，对其制造工艺作了详细的检测和剖析。现将其中几个主要的新工艺介绍如下：

青铜剑表面的铬盐氧化处理工艺：一号兵马俑坑已出土青铜剑二十二件。这些剑出土时没有锈蚀，表面有一层灰黑色的光泽。经中国有色金属研究院、地质科学院利用电子探针分析及激光分析，发现剑的表面有一层致密的铬盐氧化层，厚 10～15 微米，含铬量一次检测为 1.2%，二次检测为 0.6～2%。在此保护层内部的青铜中不见铬。另外，北京钢铁学院中国冶金史编写组对秦俑坑出土的青铜镞经过电子探针和 X 光萤光分析，发现镞的表面亦有一层致密的铬盐氧化层，厚约 10 微米，含铬量为 2%，而镞的内部也不含铬。编写组还对西汉中山靖王刘胜墓出土的不锈铜镞作了检测，发现了和秦俑坑铜镞表面相同的处理情况。为了慎重起见，对秦俑坑出土剑和镞附近的土壤取样分析，发现土壤中并不含铬。排除了由于土壤中的铬分子渗透形成的可能。

中国冶金史编写组根据上述检测情况，认为铬盐氧化处理技术在秦汉时已运用，汉代以后似已失传。他们指出用铬酸盐和重铬酸盐处理器表，使器表生成一层浅灰色或深灰色的保护层，具有防腐抗锈能力。以往认为这是近代才出现的先进工艺。德国于 1937 年，美国于 1950 年发明铬化技术，并先后列为专利。其实，远在两千多年前的秦始皇时代就已创造了类似的工艺。这是世界冶金史上的奇迹。秦代这一工艺的具体方法今天已无法得知。中国冶金史编写组曾做了模拟性的试验，用铬矿石、土硝和老陈醋在空气中焙烧，可生成铬酸盐或重铬酸盐；再将重铬酸盐加温使其液化，涂到铜剑的表面，即可形成一层灰色的铬盐氧化层[54]。

秦俑坑青铜剑表面进行铬盐氧化处理的检测结果，受到国内外学术界的重视并被广泛引用。但有的人仍持谨慎态度，认为可能是俑坑土壤中铬的分子渗透而在剑的表面形成一层铬盐氧化层。此问题尚有待进一步探讨。

青铜铍表面花纹的处理工艺：一号兵马俑坑出土了十六件青铜铍头。铍头的形状和短剑相似，分为身、茎两部分。铍身的两面布满不规则的云头状的花纹。这些花纹不是刻画而成。它和器表的金相组织融为一体，隐现于器表。这种隐现花纹在已往的考古资料中也有发现。例如，湖北省江陵望山一号楚墓出土的“越王鸠浅（勾践）自作用剑”，剑身的两面布满双线的菱格纹；1964 年山西原平县峙峪出土的吴王光剑，剑身布满和秦俑坑铜铍相似的云头状花纹；陕西省凤翔县一战国墓出土的铜矛，矛身的两面亦布满菱格纹。这几件兵器上的花纹和秦俑坑铜铍上的花纹一样都隐现于器表，其制作的工艺方法应大体相似。

这种隐现于器表的花纹是用什么工艺方法制成的，目前学术界还没有统一的意见。有的人说：“花纹与铍身表面平整一致，可视而触摸不到。而且这些花纹仅在表面，并未渗入铍体。据此，我们认为秦铍表面的花纹形成工艺既非硫化法，也与铸造工艺本身无关。可能是在铸造成型的铜铍表面又涂上液体介质，再把铜铍二次回火，介质遇热流动挥发，器物冷却后所形成的收缩范围，这个收缩范围就形成花纹纹样。”[55]有的人认为是用硫化法制成，并以江陵望山一号墓的越王勾践剑为例，说明此类花纹形成的原因。采用质子 X 射线萤光真空技术，对勾践剑各部位的化学成分作了分析：剑刃含铜 80.3%、锡 18.8%、铅 0.4%，黑色菱形花纹的成分中锡、铁含量较高，并有数量不等的硫。为了查明黑色花纹中硫化物的结构，又用 X 射线衍射仪检测，结果发现除基本铜锡合金外，还有微量铜与铁的硫化物。经反复研究验证，认定黑色花纹是由硫化处理法形成。他们指出：“秦俑坑出土的青铜铍，铍身带有不规则暗花纹，可能就是这种技术的继承和发展。”“我国青铜硫化技术西周时期已萌生，春秋时期发展到成熟阶段，并由吴越流传到中原各国。”[56]

对于秦俑坑青铜铍表面的隐现暗花纹形成原因的研究，今后要进一步作科学的检测和模拟试验，方可得出比较符合实际的结论。

磨削工艺：秦俑坑出土的大批青铜兵器，在铸造成型后都经过锉磨、抛光等工艺过程。剑、铍刃部的锉磨纹细密，几乎与脊部平行，无交错现象，棱脊规整，表面光洁度经测试与标准样品比较达▽9～▽10。三棱铜镞的三个棱脊的边长几乎相等。曾抽样测试八十四件铜镞，获得二百五十二个数据，最大差值为0.55毫米，最小差值为0.02毫米。其加工面的光洁度为▽7～▽9，显示了制造尺度的精确、磨削和抛光工艺的高超。

关于磨削工艺中是否采用了加工机械问题。有人认为是采用了固定加工的卡钳、转轮、定向标尺等器具。如王学理先生在《秦俑坑青铜器的科技成就管窥》一文中说“也只有运用卡钳固定和加工机械”，才能使剑、矛刃部纹理平行，磨面平整，磨向保持垂直，磨具作直线运动，且使器物与砥石磨面保持一定的角度及控制磨刃的深浅。“若不是将砥石作成轮转机械，而且附设定向的标尺，要使剑的外加工正常进行，要使其整体规矩化，那简直是不可想象的”。“我们完全有理由相信，那时必定发明并使用着多种相当精密的加工机械，而且所使用的工具是钢铁质的。尽管其动力还只是靠人力所承担”[57]。

杨青、吴京祥等人与秦俑考古队合作，对俑坑出土的铜镞作了大量的测试和研究工作，先后形成了《秦陵铜镞主面数学模型的建立及几何形状分析》、《从秦始皇兵马俑坑出土兵器——镞试探秦代机械工艺技术》等多篇检测报告。秦俑坑出土的三棱形铜镞，镞首的三个面呈弧形，前端收缩聚成锐角形的尖锋，后端为平底带有三个短小的倒刺。对镞首三个面作放大投影，发现同一镞各面轮廓不重叠的误差不大于 0.15 毫米。它的几何尺寸符合正态分布。关于镞首的磨削工艺，测试报告说："从考查镞首主面可知，以绕镞的轴心作圆弧形摆动（或转动）磨削是无可非议的。"镞首空间弧面的磨削方法，报告认为可能是采用现代磨削方法中的一种仿型磨削，即首先制成镞首靠模，镞首沿靠模的曲线轨迹移动；另有以天然磨石制成磨轮的旋转机构，绕镞的轴心作圆弧形转动。加工时以镞铤定位，借助夹具来转换加工的定位基准，以达到精确分度的目的。这说明镞的磨削加工，已有一定的"机械设备，合理的工、夹、量具和加工参数等，以此实现了尺寸、形状、位置精度高，批量很大的镞首加工"[58]。

秦俑坑出土青铜兵器的磨削加工，除手工锉磨外，曾借助一定的机械设备，并有简单的夹具和量具进行细加工，这在学术界已取得公认。至于各种加工器具的具体情况及工艺流程仍是各人见解不一，尚有待作深入地探讨。

青铜剑的造型工艺特征：剑身呈兰叶形，系用双合范铸造成型，剑身与茎一次铸成，剑格为单铸套合于剑身与茎的交接处。秦俑坑的剑和春秋乃至战国早中期的剑相比，显示了造型工艺的不同。后者剑身短而宽，宽窄、厚薄的变化呈等距离的均匀递减。秦俑坑的剑长而窄，由宽变窄、由厚变薄是有节奏的递减。经实测，剑身由基部（宽 3.65 厘米）至锋端在每隔 5 厘米的等距离范围内，递减的落差有 0.05、0.10、0.15、

0.30、0.20、0.25 厘米等六种不同的递减速度，近锋处束腰，锋端呈锐角的三角形，夹角 51 度。剑身的厚度由基部（厚 0.91 厘米）至锋端亦是有节奏的递减，即厚——薄——加厚——再薄——再加厚——大薄——加厚——减厚，这样形成八段不同的节奏。剑是刺兵，一要锋利，穿刺力强；二要坚韧，不易折断。长而窄的兰叶形剑较宽短形剑穿刺力强，但不如后者坚韧，易于折断。为防止折断，遂在造型上采用宽窄、厚薄有节奏的递减工艺，以减少穿刺时的反作用力，增强剑的弹性。剑身窄处厚度相对较大，宽处厚度相对较薄，这样就使剑身宽与窄处的机械强度相对均衡，不致因强弱不均而折断。这种工艺是符合力学原理的，是实践经验的科学总结。

青铜兵器的热加工处理问题：秦俑坑出土的青铜兵器，有的人认为在铸造成型后曾经过加热锻打的工艺处理。如王学理在《秦俑坑青铜器的科技成就管窥》一文中说："秦剑、戈的内部组织结构严密，无气泡的存在，表层的硬度高于内部。这除了掌握纯熟的冶铸技术外，还必定经过加热锻打以消除内应力，使分子结合紧密，组织细化，表面整治。再经平锉、平铲、平磨，打去毛刺和粗糙的表皮。最后，似用麻絮蘸油粘面砂（相当于现在 200# 细砂）反复揩拭，使之表面光亮。"[59]

过去一般认为青铜兵器的制造工艺，是铸造成型，再经锉磨、抛光，有的表面经过防锈防腐处理，而不认为曾经有过加热锻打的处理。据《中国古代兵器》一书记载：广东罗定太平镇一号战国墓出土的一批青铜器，其中的铜钺的金相显微组织为铸态 $\alpha+(\alpha+\delta)$，但 α 枝晶有明显方向性。钺端枝晶细小，而中部则有明显的扭曲变相与扭断现象。同出的两件铜斧的金相组织为单相 α 晶粒，晶界上分布着铅，以点或网状出现。这说明钺和斧铸造成型后均经过加热锻打的热工处理[60]。这是一个新的发现。秦始皇陵园出土的一号铜车的伞盖，经金相分析为铸锻结合的工艺制成。秦俑坑出土的青铜兵器是否铸后经过加热锻打，尚需作金相分析方可得出明确的结论。

(3) 青铜兵器制作的标准化。产品的标准化是伴随着现代社会化大生产而出现的新概念，许多学者借来用作秦俑坑出土的大批青铜兵器生产的古代标准，并结合文献进行了探讨，发表了许多论文。论及的问题涉及到青铜兵器的合金配比、产品型号、尺寸、技术参数等方面的标准要求以及产品生产及质量监督等。现将其主要论点介绍如下：

冶铸工艺标准化：秦俑坑青铜兵器的冶金成分配比，经检测剑的铜、锡比为3.4:1～4:1，矛为4:1，镎为5.6:1，镞含铜量与含锡、铅总量之比约为4:1。这与《考工记》中记载的“六齐”的含锡配比基本相符。“六齐”是中国古代合金配比逐渐走向规范化、标准化的标志。

秦俑坑的青铜兵器均用双合范铸成，经对剑、矛、钺、殳、镞的正面或侧面，戈和金钩的侧面作等分的切线，发现所得的两个剖面不但全等，而且几何体也相等，说明当时的制型十分精确，表明当时的造型工艺有严格的技术标准。《荀子·强国篇》说：“型范正，金锡美，工冶巧，火齐得，剖型而莫邪已。”这是我国关于冶铸工艺最早的工艺标准。秦代较此有了进一步的发展，当时已有了一定的技术参数标准要求。

加工工艺的标准化及产品的系列化：秦俑坑出土的剑、铍、戈、矛等兵器，经测定，其棱脊规整，厚薄相宜，刃锋锐利，表面光洁，说明其加工工艺的精确。秦俑坑出土的三棱形铜镞有大、中、小三型。大型铜镞通长41厘米，其中首长

4.5厘米；中型镞长33厘米，其中首长3.4厘米；小型镞一般长约15厘米，其中首长2.8厘米。这表明镞的生产标准已分型，并出现产品的系列化。这种系列化与弓弩张力的大小分档是相适应的。

按照数理统计的方法，把出土的近四万件铜镞任取两束（共一百七十四支）作为样本，共测得九百多个数据，并用高精度的测量仪器对镞的轮廓形状、表面光洁度、加工纹路等进行测量和照相。从获得的大量数据可知，镞首的加工工艺已实现了标准化。如用JTT560型投影仪将三棱铜镞的三个面作放大投影。从放大二十倍的投影图上测得同一镞的三个轮廓的不重叠误差不大于0.20毫米；不同镞首的轮廓不重叠的误差也不大于0.20毫米。用蔡司小型工具显微镜作放大三十倍观察，见到镞首主面上的加工痕迹与轴线垂直，同一镞三个主面上加工痕迹的方向基本一致。在gJ表面光洁度显微镜上，放大五百一十倍的镞首表面的不平度的平均高度为0.00158～0.00397毫米，相当于▽7～▽9。这表明镞首的几何形体是很精确的，表明在镞的批量生产中，对制件的尺寸、形状、表面光洁度等有了严格的要求。

产品的生产与质量监督：从湖北云梦睡虎地秦墓出土的法律条文及有关的古文献资料可知，秦代关于产品的生产与质量监督已形成一套较规范的制度。例如，产品的勒名制度、生产的定额制、产品标准、生产的奖惩制度、产品的检验与标记等。比较严密的生产管理制度的建立，是保证产品质量和实现产品标准化生产的重要环节[61]。

5. 铁兵器

秦俑坑内只出土铁矛一件、铁镞二件、铁铤铜镞四件，和俑坑出土的近四万件青铜兵器相比，数量极微，仅占出土兵器总数的万分之一。这一现象引起了学术界的关注，作了种种不同的解释，出现了两种截然不同的观点。两种观点分歧的焦点是对铁兵器在秦军装备上的地位以及对俑坑时代、性质认识的不同。

陈景元在《秦俑新探》一文中说："秦始皇统一中国后销毁所有铜制兵器，以精良铁兵更新秦军装备。""销铸铜兵之后，任何人继续收藏铜戈、铜剑，就是一种罪死不赦的犯上行为……有谁敢冒天下之大不韪，用这种陈旧、劣等的兵器，去给秦始皇帝作陪葬之物。"因而他认为秦俑坑的主人不是秦始皇，而是宣太后[62]。

林剑鸣在《秦俑之谜》一文说："秦俑坑内何以没有铁武器的问题，因为秦俑坑乃是具有纪念军功的意义，所以它不需要将当时战场上正在使用的新式武器放在这里，而只能陈列过去曾经用过的旧武器。当新式的铁制武器在战场上代替旧的青铜武器之时，必然有大批尚未使用过的，刚造出来就被淘汰了的铜制武器存放在仓库里。把这些过时的旧武器放到为纪念统一战争胜利而修的秦俑坑中，岂不既将这些过时的武器利用了起来，又充实了这座军事博物馆吗?""秦俑坑的武器是用来陈列而已。"[63]

秦俑坑是秦始皇陵园的一部分，是秦始皇的陪葬坑，已为国内外学术界绝大多数人公认。至于秦俑坑中为什么罕见铁兵器，而主要是铜兵器？杨泓在《中国古兵器论丛》中说："各地生产的发展是不平衡的，楚燕等地的这些先进的钢铁长剑，还不足以装备所有的部队。至于生产水平不如它们的各国，情况就更不同了。所以各国军队中使用的武器，大量还是青铜制品，例如秦始皇陵陶俑坑的两次发掘中，发现的大量武器绝大多数都是青铜制品。”“先进的钢铁武器终究要取代落后的青铜武器的，但那已是汉代的事了。”[64]这就是说，钢铁兵器虽已在某些国家出现，但由于生产水平发展的限制，各国军队使用的仍然是铜兵器。

张占民在《关于秦俑兵器时代问题》一文中，对当时铁兵器发展的水平及对军队的装备情况作了进一步的论述。他指出铁兵器的出现并不等于它已取代铜兵器普遍用于实战。如长沙二百余座战国中晚期楚墓，出土兵器一百八十二件，铁兵器仅有八件。江陵雨台山楚墓出土兵器五百一十八件，其中一件铁兵器都没有。这些说明战国的楚军仍以青铜兵器为基本装备。铁器发达的楚国尚且如此，相对铁兵器生产较落后的秦国，以青铜兵器装备军队就是自然而然的事情。从出土的带有纪年铭文的秦兵器可知，秦始皇时代和秦二世时仍在大量的制造青铜兵器，所以秦俑坑配备的兵器也只能是青铜兵器[65]。

何清谷在《战国铁兵器管窥》一文中也指出：“考古证明，战国中晚期农业已基本使用铁农具了，铁兵器都是零星地出现。许多规模宏大的冶铁作坊根本不铸铁兵器，如齐都临淄故城发现铁遗址六处……却没有发现一件铁兵器及铸造铁兵器的遗迹。”[66]

战国时东方六国的军队及秦王朝时的秦军的武器配备仍以铜兵器为主，是可信的。在中国历史上铁兵器取代铜兵器是秦代以后大约在西汉中晚期，直至东汉才完成。其主要原因是因为冶炼铁兵器的工艺还处于初级阶段，不可能大规模的生产钢铁兵器。战国时代由于块炼钢和铸铁柔化处理工艺的出现和发展，为铁兵器的生产创造了条件，因而剑、矛、戟等铁兵器逐渐出现。但是，当时的块炼钢生产费时费工，效率低，生铁铸件质地脆硬，不便进一步加工，影响了铁兵器的大规模生产。因此，当时只能少量的生产铁兵器。到了汉代，渗碳钢和铸铁柔化工艺进一步发展，尤其东汉初年生产炒钢新工艺的出现，为铁兵器大规模生产提供了技术条件，因而使铁兵器渐次取代铜兵器成为兵器的主体。

秦国的军队号称步兵百万、车千乘、骑万匹，所需要兵器的数量是巨大的。在铁兵器的发展处于初级阶段时，只能主要配备铜兵器。铜兵器的生产历史悠久，至秦王朝时各种青铜兵器的制造技艺精湛，刃锋锐利，不能说已是过时的陈旧而落后的兵器。说秦军的装备已更换为铁兵，缺乏事实依据。据初步统计，历年来各地出土的秦代的铁兵器，只有剑九件、戟二件、矛一件、殳二件、三棱铁锥三件、匕首二件、铁镞二件、铁铤铜镞四件，共计二十五件。这和已出土的铜兵器的数量相比是微不足道的，不能说铁兵已取代了铜兵。秦俑坑之所以出土大量的铜兵器，而罕见铁兵器，是与当时铁兵器的生产能力和水平所不及是一致的，毫不奇怪。

注　释

[1] 陕西省考古研究所、始皇陵秦俑坑考古队《秦始皇陵兵马俑坑一号坑发掘报告（1974—1984）》，文物出版社 1988 年版；秦俑考古队《秦始皇陵东侧第二号兵马俑坑钻探试掘简报》，《文物》1978 年第 5 期；《秦始皇陵东侧第三号兵马俑坑清理简报》，《文物》1979 年第 12 期。

[2] 同 [1]。

[3] 袁仲一《秦始皇陵兵马俑研究》82～89 页，文物出版社 1990 年版。

[4] 孙机《从胸式系驾法到鞍套式系驾法——我国古代车制略说》，《考古》1980

年第 5 期。

[5] 《诗·秦风·小戎》曰：“四牡孔阜，六辔在手。”《诗·小雅·裳裳者华》曰：“乘其四骆，六辔沃若。”《诗·小雅·车牵》曰：“四牡騑騑，六辔如琴。”

[6] 许慎《说文·车部》曰：“軜，骖马内辔系轼前者。”段注：“骖马两内辔为环，系诸轼前，故御者只六辔在手。”《说文解字段注》768 页，成都古籍书店 1981 年影印本。

[7] 孙机《从胸式系驾法到鞍套式系驾法——我国古代车制略说》图一三、一四，《考古》1980 年第 5 期。

[8] 《诗·秦风·驷驖》郑玄笺，《十三经注疏》369 页，中华书局影印本 1980 年版。

[9] 孙机《略论始皇陵一号铜车》，《文物》1991 年第 1 期。

[10] 秦俑考古队《秦始皇陵兵马俑》，文物出版社 1983 年版。袁仲一《秦始皇陵兵马俑坑出土的战车》，《文博》1989 年第 5 期。

[11] 蓝永蔚《春秋时期的步兵》42 页、50 页注②，中华书局 1979 年版。

[12]《礼记·檀弓上》曰：“宋庄公及宋人战于乘丘……公队，佐车授绥。”郑玄注：“戎车之贰曰佐。”引自《十三经注疏》1277 页，中华书局影印本 1980 年版。

[13]《左传·襄公二十三年》曰：“大殿，商子游御夏之御寇，崔如为右，烛庸之越驷乘。”《十三经注疏》1976 页，中华书局影印本 1980 年版。

[14]《左传·文公十一年》曰：“侯叔夏御庄叔，绵房甥为右，富父终甥驷乘。”杜预注：“驷乘，四人共车。”又宋武公之世，“彨班御皇父充石，公子穀甥为右，司寇牛父驷乘。”引自《十三经注疏》1850 页，中华书局影印本 1980 年版。

[15]《左传·昭公二十年》曰：“庆比御公，公南楚骖乘……鸿駵魋驷乘于公。”引自《十三经注疏》2091 页，中华书局影印本 1980 年版。

[16] 陕西省考古研究所、秦俑坑考古队《秦始皇陵兵马俑坑一号坑发掘报告(1974—1984)》，文物出版社 1988 年版。《秦始皇陵东侧第二号兵马俑坑钻探试掘简报》，《文物》1978 年第 5 期。《秦始皇陵东侧第三号兵马俑坑清理简报》，《文物》1979 年第 12 期。

[17] 白建刚《秦俑步兵的射击技术》，《文博》1985 年第 2 期。

[18] 同 [17]。

[19] 白建刚《论秦俑军阵的轻、重装步兵》，《西北大学学报》（社科版）1988 年第 1 期。

[20] 袁仲一《从秦俑坑的骑兵俑看秦骑兵的发展》，《考古学研究》，三秦出版社1993年版。

[21] 孙机《唐代的马具与马饰》，《文物》1981年第10期。

[22] 咸阳市文物考古所《塔儿坡秦墓》图版一，三秦出版社1998年版。

[23] 杨泓《中国古代马具的发展和对外影响》，《文物》1984年第9期。

[24] 同[23]。

[25]《骑兵》，《马克思恩格斯全集》第14卷315页，人民出版社1964年版。

[26] 林巳奈夫《汉代文物》图10～22，京都大学人文科学研究所，日本昭和51年版。

[27]《徐州汉画像石》图63，江苏美术出版社1985年版。

[28] 甘肃省博物馆《武威雷台汉墓》，《考古学报》1974年第2期。

[29]《睡虎地秦墓竹简》192页，文物出版社1978年版。

[30] 林剑鸣《秦史稿》87页，上海人民出版社1981年版。

[31] 同[25]。

[32]《史记·秦本纪》177页，中华书局1959年版。

[33] 陈奇猷《吕氏春秋校释》1584页，学林出版社1984年版。

[34] 孙贻让《墨子间诂》卷15《旗帜》、《诸子集成》八，343页，中华书局1954年版。

[35] 王学理《吴钩解》，《陕西师范大学学报》(哲)1977年第4期。

[36] 详见《秦始皇陵兵马俑坑一号坑发掘报告(1974—1984)》254～260页，文物出版社1988年版。

[37] 参见袁仲一《秦始皇陵东侧第二、三号俑坑军阵内容试探》，《秦俑研究文集》225～227页，陕西人民美术出版社1990年版。

[38] 铍的详细情况参见《秦始皇陵兵马俑坑一号坑发掘报告(1974—1984)》上册260～270页，文物出版社1988年版。

[39] 秦兵、张占民《长铍初探》，《秦俑研究文集》，陕西人民美术出版社1990年版。

[40] 详见袁仲一《秦始皇陵兵马俑研究》173页，文物出版社1990年版。

[41] 刘占成《秦俑坑弓弩试探》，《文博》1986年第4期。

[42] 袁仲一《秦代兵器琐谈》，台北《中华文物学会》1996年年刊。

[43] 详见《秦始皇陵兵马俑坑一号坑发掘报告(1974—1984)》296～304页，文物出版社1988年版。

[44] 同[42]。

[45] 袁仲一《秦始皇陵兵马俑研究》193 页，文物出版社 1990 年版。

[46] 陈直《古器物文字丛考》，《考古》1963 年第 2 期。

[47] 关于“寺工”的考释，详见下列诸文：无戈《寺工小考》，《人文杂志》1981 年第 3 期。陈平《“寺工小考”补议》，《人文杂志》1983 年第 2 期。黄盛璋《寺工新考》，《考古》1983 年第 9 期。袁仲一《秦中央督造的兵器刻辞综述》，《考古与文物》1984 年第 5 月。黄盛璋《秦俑坑出土兵器铭文与相关制度发复》，《文博》1990 年第 5 期。

[48] 袁仲一《秦中央督造的兵器刻辞综述》，《考古与文物》1984 年第 5 期。

[49] 黄盛璋《秦俑坑出土兵器铭文与相关制度发复》，《文博》1990 年第 5 期。

[50] 同 [49]。

[51] 同 [48]。

[52] 陈平《试论战国型秦兵的年代及有关问题》，《中国考古学研究论集》，三秦出版社 1987 年版。

[53] 同 [48]。

[54] 参见中国冶金史编写组《中国冶金简史》22 页、73 页、121～122 页，科学出版社 1978 年版。袁仲一《秦始皇陵兵马俑研究》188－191 页，文物出版社 1990 年版。陕西省考古所、始皇陵秦俑坑考古发掘队《秦始皇陵兵马俑坑一号坑发掘报告（1974—1984）》305～307 页，文物出版社 1988 年版。

[55] 姜彩凡《秦铍及其表面花纹之试探》，《文博》1994 年第 6 期。

[56] 中国古代兵器编委会《中国古代兵器》107～109 页，陕西人民出版社 1995 年版。马肇曾等《越王勾践剑表面黑色花纹的研究》，《自然科学史研究》1987 年第 6 卷第 2 期。《越王剑的质子 X 萤光非真空分析》，《复旦大学学报》（自然科学版）1979 年第 11 期。

[57] 王学理《秦俑坑青铜器的科技成就管窥》，《考古与文物》1980 年第 1 期。

[58] 此检测报告现存秦俑考古队资料室。

[59] 同 [57]。

[60] 中国古代兵器编委会《中国古代兵器》111 页，陕西人民出版社 1995 年版。另见徐恒彬等《广东省出土青铜器冶铸技术的研究》，《科技史文集》第 14 辑 97 页。

[61] 袁卫华、袁仲一等《论秦汉时期标准化》，《陕西标准化》1981 年第 2 期。《秦俑坑青铜兵器工艺标准化试析》，《陕西标准化》1981 年第 2 期。王学理《秦代军工生产标准化的初步考察》，《考古与文物》1987 年第 5 期。杨青等《秦始皇陵兵马俑坑出土兵器机械技术初考——铜镞》，《科学技术报告》

1984 年（内部资料，现藏秦俑考古队资料室）。

[62] 陈景元《秦俑新探——俑坑的主人不是秦始皇》，《大自然探索》1984 年第 3 期。

[63] 林剑鸣《秦俑之谜》，《文博》1985 年第 1 期。

[64] 杨泓《中国古兵器论丛》121 页，文物出版社 1985 年版。

[65] 张占民《关于秦俑兵器时代问题》，《文博》1987 年第 1 期。

[66] 何清谷《战国铁兵器管窥》，《史学月刊》1985 年第 4 期。

四　兵马俑军阵的编列

(一) 一号兵马俑坑军阵的编列

一号兵马俑坑现已发掘出土陶俑、陶马约二千件，其中战车二十二乘、拉车的陶马八十八匹、各类武士俑一千九百余件。根据勘探和发掘出土的情况获知：一号俑坑内共有陶俑、陶马约六千件、战车五十余乘。一号俑坑军阵坐西面东，呈东西向的长方形，长 184 米，宽约 57 米。它是以步兵为主、战车与步兵相间排列的大型军阵。这一军阵由前锋、左右翼卫、后卫及军阵主体四大部分组成（图二四)。其排列组合的具体情况如下：

前锋部队：位于一号俑坑东端的长廊部分，计有步兵俑二百零四件，面朝东方排成三列南北向的横队，每列有步兵俑六十八件。这些俑中有三件为头绾圆髻、身穿铠甲的步兵俑，其余都是不穿铠甲的轻装步兵俑。所持的兵器主要是弓弩，只有十一件俑手持戈、矛等兵器。在三列横队的左右两端各有一件头戴长冠的军吏俑，为前锋部队的统帅。这两件军吏俑的装束不同，左端一俑身穿铠甲，右端一俑为不穿铠甲的轻装。军吏俑的附近各出土仪卫性的兵器金钩一件，似为军吏俑所佩带(图二五)。

两侧翼卫部队:位于一号兵马俑坑军阵的左右两侧,即一

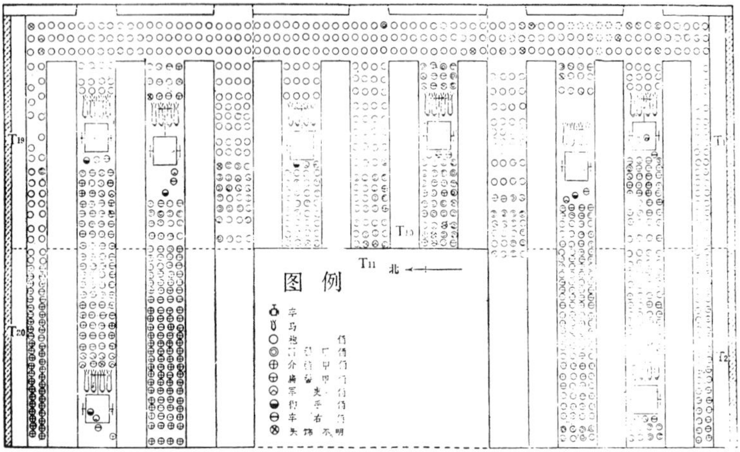

图二四　一号兵马俑坑东端（T1、T2、T10、T19、T20）陶俑、陶马排列位置示意图

图二五　一号俑坑军阵前锋

号和十一号过洞内。每个过洞内有步兵俑两列，其中一列排成纵队，面朝东方，另一列排成东西向面朝外的一字形横队。每个过洞长 178 米，有步兵俑约三百六十件。整个军阵坐西面东，而两侧翼卫分别有一列作面南、面北排列，以防止敌人从两侧袭击。这些俑除东端的三十余件为不穿铠甲的轻装步兵俑外，其余均为身穿铠甲的重装步兵俑，手中所持的兵器主要为弓弩，部分俑腰部还有佩剑。

后卫部队：位于一号兵马俑坑西端的长廊部分，即军阵的末端。这里亦有呈南北向排列的三列横队，其中两列面朝东，最外边的一列面朝西。由于一号俑坑的西端尚未全部发掘，这三列横队步兵俑的数量及所持兵器的情况不详。但根据试掘方内陶俑排列的密度推算，其数量与一号俑坑东端作为前锋的三列横队的步兵俑的数量大体接近，约二百件左右。这些俑的装束与前锋部队不同，都身穿铠甲，脑后绾六股宽辫形扁髻，是重装步兵俑。

军阵主体部分的部队：位于上述四面步兵俑环绕的中心部位，即一号俑坑的二至十号过洞内。这里有战车与步兵相间排列的三十六路纵队，每队长 178 米。根据已发掘和局部试掘部分陶俑、陶马出土情况推断，此处共有战车五十余座、步兵俑四千余件。由于一号俑坑尚未全面发掘，战车和步兵排列的详细情况还不清楚。一号俑坑东端已发掘部分战车与步兵的编组，由南向北横向的排列顺序依次是战车、战车、步兵、战车、步兵、战车、步兵、战车、战车。每乘战车的前后又跟随有数量不等的步兵俑，形成步兵、战车、步兵、战车、步兵、战车相间隔的纵向排列编组的阵容。战车均为木质，车前驾有四匹陶马，车上有武士俑三件。步兵俑中除军阵主体的前端少

图二六　一号俑坑军阵主体（局部）

量俑为不穿铠甲的轻装步兵俑外，其余都是身穿铠甲的重装步兵俑。步兵俑所配备的武器是弓弩与戈、戟、矛、铍等长柄兵器，少数俑的腰际佩剑（图二六）。

关于一号兵马俑坑军阵编列的特征，许多人曾作了深入的分析与探讨。各家所言互有补充，现综述如下：

第一，四方如绳的方阵。一号俑坑是由战车和步兵两部分组成的大型军阵，长 184 米，宽 57 米。它纵深大于面宽，呈东西向的长方形，坐西面东，队伍整齐，排列有序。此即《淮南子·兵略训》所说的“前后整齐，四方如绳”的方阵。有的人称为“矩形阵”[1]。矩阵亦是方阵，二者名异实同。有的人称为“鱼丽之阵”[2]。鱼丽阵是车阵中车徒结合的编组方法，即所谓战车在前，步兵在后。它不是作为整体大型军阵的编组方法。此说不妥。

此方阵不是行军队形，亦非交战的战斗队列，而是一个戒备森严、整装待发的居阵。《荀子·议兵》说："圜居方止。"《韩诗外传》说："方居则若盘石之不可拔也。"张震泽先生的《孙膑兵法校理·十阵》注："阵不动不用为居阵。"[3]这与一号兵马俑坑军阵的情况正相契合，即战车和步兵已列阵，但处于未动未用的待发待用状态。

第二，一号兵马俑坑军阵的另一特征是有锋有后，有翼卫和后卫。所谓锋，即前锋部队；后，即强大的后续部队，亦称阵体或阵中。《孙膑兵法·势备》曾以剑作比喻，说明军阵有锋有后的重要性。孙膑认为军阵没有锐利的前锋，犹如剑之无锋，虽有孟贲之勇也不敢前进。军阵没有强大的后阵，犹如剑之无铤（把柄），虽巧士也不能前进。无锋无后，"敢将而进者，不知兵之至也"，"故有锋有后，相信不动，敌人必走"[4]。一号俑坑东端有三列面朝东方排列的南北向横队，作为军阵的前锋，后面接着是战车与步兵相间排列的三十六路纵队作为军阵的主体，符合《孙膑兵法·十阵》所说的"末必锐"、"本必鸿"以及《擒庞涓》篇所说的"吾末甲劲，本甲不断"的军阵编列原则[5]。

一号兵马俑坑军阵的左右两侧，各有两列步兵俑作为翼卫，其中绝大部分为身穿铠甲、手持弓弩的重装步兵俑。此与《六韬·分险》所说的"材士强弩，翼吾左右"的布阵要求相合。每侧的两列步兵俑中，其中外边的一列横队面朝外，里边的一列为纵队面朝东。这种排列方法，有的人认为：面朝外者是采取警戒态势，以防止敌人从两侧袭击。面朝东者可作东向正面作战，亦可转向作侧翼防卫，也可补充外侧战斗的减员[6]。

一号俑坑的西端，有三列南北向横队的重装步兵俑作为后卫，即殿军。这与《六韬·步战》所说的“材士强弩，以备我后”的布阵方法相同。有的人认为：最后一列面朝西（向后）是采用警戒态势，以防止敌人从后面袭击。里面的两列横队面朝东方，既可东向正面作战，亦可转向抵御从后偷袭的敌军，或补充前列部队战斗的减员[7]。作为军阵后卫与军阵前锋的步兵俑，其人数、编组方法和武器的配备基本相同。这种编列便于军队的回军转向，以前为后，以后为前。战场的形势变化多端，方阵必须适应形势、任务的变化，做到“无前无后”、“触处为首”。

第三，军阵主体部分是在战车的前后、左右配置一定数量的步兵俑。这种编组方法，名为鱼丽阵法。它是古代车战时车、徒结合编组的一种主要方法。鱼丽阵的编组有两种不同的队形：一是战车在前，步兵在后。据《左传·桓公五年》记载：繻葛之战，郑国子元“为鱼丽之阵，先偏后伍，伍承弥缝”。偏即战车，伍为步兵。此种编法是以战车为主，步兵为辅。作战时先以战车冲击敌军，后面跟随的步兵协同辅助作战。“车驰卒奔”，“伍承弥缝”，是这种队形的形象概括。它适用于行军、追击敌军以及在地势平坦开阔的地方作战[8]。鱼丽阵的另一编组方法，是把步兵分为若干小队置于战车周围。《五经七略·李卫公问对》说：“军行右辕，以辕为法，故挟辕而战，皆周制也。”这是把步兵分为两队，分别置于战车的两侧，成为战车的两翼。《李卫公问对》又说：“一为左角，一为右角一为前拒，分为三队，此一乘法也，千万乘皆然。”这是把步兵分为三队，分别居于战车前面及其两侧。一号兵马俑坑与李卫公（李靖）之言稍异，是在战车的前后、左右都配置步兵。

这种编组方法，进一步增强了战车的防护力量，可充分发挥步兵的作用。前队负责正面拒敌，左右两队护辕及挟辕而战，车后的一队作为后卫或预备队。攻防结合，车步协同。这种鱼丽阵法，适宜于屯居、防守以及道路崎岖、山泽险阻等不利于战车发挥威力的地区行军或作战。

战场的形势千变万化，地理环境亦变化多端，战车与步兵的编组不能拘于一法，要根据不同的情况随时变换阵法。鱼丽阵是车步结合的基本阵形，可使车步结成一个坚固的整体。鱼丽阵过去仅见于文献记载，秦俑坑的发现为此提供了实物例证。

（二）二号兵马俑坑军阵的编列

二号俑坑军阵的编列与一号坑不同，它分为四个单元，即四个小阵有机地组成一个多兵种的曲形阵。现将其编列的方法简介如下：

第一单元，弓弩步兵组成的方阵，位于二号俑坑的东北角。此处共有步兵俑三百三十二件，排成一个面朝东的正方形军阵。它由阵心和阵表两部分组成。阵心由八路面东的身穿铠甲的跪射俑组成，每路纵队有俑二十件，共一百六十件。方阵的四旁都是立式的步兵俑。其前边的步兵俑排成两列面东的南北向横队，每列有俑三十件，两列共六十件。第一列除左端的一件为身穿铠甲的步兵俑外，其余二十九件为轻装步兵俑。第二列全为身穿铠甲的重装步兵俑。方阵的左右两旁，各有三路面东的纵队。每路有俑十四件，三路共四十二件，全为轻装步兵俑。方阵的后边，有两列面东的南北向横队，每列有俑十四件，两列共二十八件，多数为轻装步兵俑，其中有两件地位较高的铠甲俑。一个甲俑为身穿彩色鱼鳞甲、头戴鹖冠、双手拄剑的高级军吏俑，另一个甲俑为身穿带彩色花边前胸甲的中级军吏俑。这两件俑立于方阵的左后角，似为统帅。根据俑的姿态、手势和伴出的兵器可知，阵心部分的跪射俑手持弓弩，阵表部分的轻装步兵俑为立射俑，阵表部分的铠甲俑（除统帅外）为手持戈、矛等兵器的步兵。

第二单元，位于二号俑坑的右侧，是由战车组成坐西面东的方阵。此处共有战车八列，每列八乘，共六十四乘，组成一个方阵。车系木质已腐朽，仅存遗迹。车前驾有四匹陶马，即两骖、两服。车上有铠甲俑三件，其中一为御手，另两件为甲士（即车左和车右）。御手俑双手作揽辔状。另两件甲士俑一手作持矛、戈等长兵状，一手作按车状。四马举颈昂首，攒蹄欲行，车上的乘员似在凝神听令，整装待发。战车的前后、左右均未配置步兵。

第三单元，位于二号俑坑的中部，是由车、步、骑组成坐西面东的长方阵。此处共计有战车十九乘，排成三路纵队，中间的一路有前后依次排列的战车七乘，左右两路各有前后依次排列的战车六乘。左侧六乘战车中的最后一乘为指挥车。车亦为木质，已腐朽，车前驾有四马。每乘车上有甲士俑三件，作横一字形排列。中间的一件为驾车的御手俑，另两件为车左、车右。指挥车上亦有陶俑三件，其中一件为高级军吏俑，另外两件俑一为驾车的御手，一为车右。每乘战车的后边都跟随有隶属步兵俑。前边的十四乘车，每乘车后有步兵俑八件；阵尾部分的五乘车，其中有二乘车是每乘车后有步兵俑二十八件，另三乘车是每乘车后有步兵俑三十二件。此长方阵的最后以八位骑兵作为殿军。八位骑兵分作前后两列，每列四骑。

第四单元，位于二号俑坑的左侧，是一个坐西面东的骑兵阵。此处有战车六乘、骑兵一百零八骑，排成十一列横队。第一、三两列是战车，每列有车三乘。第二列及四至十一列为骑兵，每列有骑兵三组，每组四骑，共计十二骑。战车均为木质，已腐朽。车前驾有四匹陶马。车上有陶俑二件，一为御手，一为车右。古代一乘战车上一般有乘员三人。此处的六乘车，每乘车上只有二人，缺少一人，古名旷左。此车为佐车，又名副车、贰车。这个骑兵阵的纵深大于面阔，以两列战车夹一列骑兵作为阵首，后面紧接着是八列骑兵（共计九十六骑）作为阵体（图二七）。这种编组方法为考古史上首见[9]。

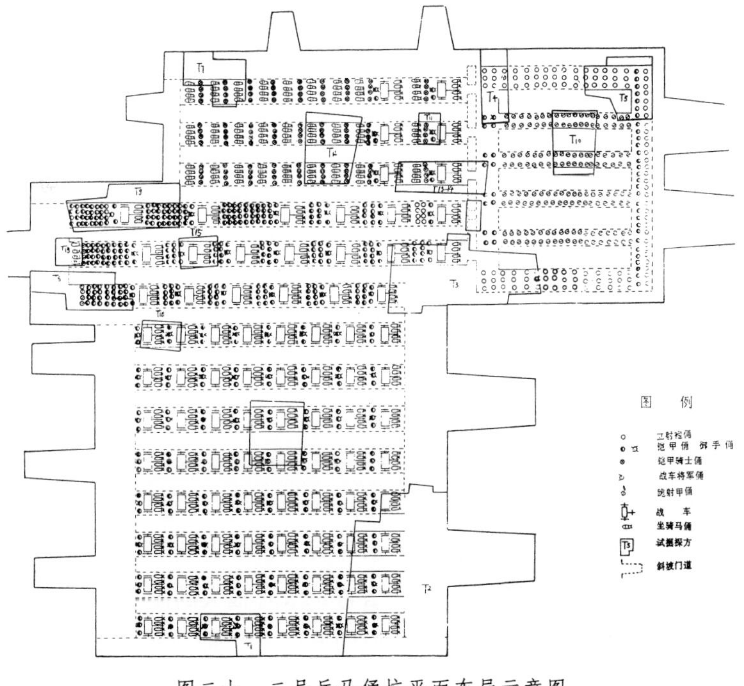

图二七 二号兵马俑坑平面布局示意图

二号兵马俑坑内的兵种众多，结构复杂，引起了学术界浓厚的兴趣。大家对二号兵马俑坑军阵编列的特点、性质及所反映的一些问题，作了分析研究。有些意见趋于一致，有些意见仍有较大分歧，现综述如下：

1. 二号俑坑军阵的名称

关于二号俑坑军阵的名称，目前学术界有这样几种不同的认识：一说为军营形式，名宿营；一说为四兽阵；一说为曲形阵。

（1）军营形式说。有的人说，二号坑是一座庞大军营，驻扎有弩、车、步、骑等四个兵种。其主要论据为一是建筑结构具有营地的基本要素，营区各有行垣，彼此不得随意往来。二是武士俑与战车的排列缺乏阵的性能要求，前后左右四个兵力单位平摆，没有形成以剑喻阵那样的整体。三是营内驻军划区是服从于出战方便的需要[10]。

（2）四兽阵说。有的人认为："二号坑中的军阵是由四个小阵组成的四兽阵。这四个小阵依前后左右的顺序是朱鸟阵（亦称朱雀阵）、玄武阵、青龙阵和白虎阵。"所谓朱鸟阵，即位于第一单元的弩兵阵；玄武阵，即位于第三单元的车、步、骑结合的长方阵；青龙阵，即位于第四单元的骑兵阵；白虎阵，即位于第二单元的车阵。四个小阵"既独立，又联合"，"独立多于联合"。"战斗时，朱鸟阵先射箭，然后青龙阵和白虎阵从左右杀出，玄武阵则作为后援预备队"[11]。

（3）曲形阵说。此说被学术界大多数学者认可。古代关于军阵的名称繁多，多是附会的语言，带有很大的随意性。但就其队形而言，不外乎兵书上所说的方、圆、曲、直、锐五种阵形。二号兵马俑坑内的四个小阵有机地结合，组成一个平面布局呈曲尺形的大型军阵，即曲形阵。这一定名与二号坑队形的实际相符。四个小阵中的弩兵方阵突出于左前方，成为军阵的前角；中间车、步、骑结合的长方阵的阵尾突出于曲形阵之后，成为军阵的后犄。这是一个具有前角后犄的曲形阵。车阵、骑兵阵和车步骑结合的长方阵，三者构成曲形阵的阵体。骑兵阵和车阵位于阵体的左右两侧，又兼具两翼的功能。前后、左右布局合理、结构严密。四个小阵可分可合，分则可以单独作战，合则浑然一体，发挥多兵种混合作战的威力。这种编列方法，可谓大阵套小阵，大营包小营，阵中有阵，营中有营，互相勾连。具体的分合变化，在于统军的将领根据地形和敌我双方的情况，随机决断，灵活运用。二号兵马俑坑军阵的性质，不是行军的队形，也不是正与敌格斗的战阵，而是一个坚如磐石的居阵，或名坐阵，即军阵已编列但尚未动未用[12]。

关于二号兵马俑坑军阵，还有其他一些不同的说法，这里不再赘述[13]。

2，二号坑四个小阵编列的特征

（1）弩兵阵。这个方阵由阵心和阵表两部分组成。阵心部分的步兵俑一律作蹲跪式，方阵四周的步兵俑一律为立姿。这种编列的原因，目前学术界的看法大体相似，都认为与弩兵的特点有关。弓和弩的射击方法有立姿和跪姿两种。但是列阵射击时，为了避免误伤己方人员，要求前无立兵，这是弓弩射击时的重要原则之一。另外，弩张迟缓，临敌不过三发。为了弥补这一缺陷，必须轮番射击，才能使敌人无可乘之机。

关于轮番射击时队形的变化，王辉强在《秦兵马俑与秦军阵法》一文中说：“《孙膑兵法·官一》说‘射战以云阵’。作战时，弓弩分为两部，一部准备完毕前出射箭，另一部则在阵内准备，然后相互交替。阵内部前出射箭，阵前部退入阵中准备。轮番出入，如行云翻滚，使射箭不间断。”二号俑坑的蹲跪姿和立姿弩兵俑，正是出射和阵内准备两种姿态动作的形象记录[14]。另有人认为，这是弓弩俑习战的场面，即一幅生动的教战图。秦俑设计者在此表现的正是蹲、立两种队列动作交替的一瞬间。随着指挥者的口令，二者作立而坐之、坐而起之的队列转换[15]。

(2) 战车组成的方阵。这个小型军阵的主要特征是全部由战车组成，车后没有跟随隶属步兵。从殷周到战国的车兵，每乘车后都有一定数量的徒卒相随，而此却纯由战车单独编列。这种现象产生的原因，白建刚在《秦俑军阵初探》一文中说：这些车是《尉缭子·兵教下》所说的“兵有备阙”的阙（缺车），即作为主力车兵补充缺车的支队，亦可作为预备队，独当一面作战。此说不妥。究其原因是与兵种和作战方式的变化有关。殷周、春秋时主要是车战，每乘车后一定要有隶属徒兵。到战国以至秦王朝时，徒兵成为独立的兵种。作战时是战车与骑兵、步兵互相配合。遇到平原广野地区作战则多用车，险峻的地区作战多用骑兵和步兵。战车后跟随的徒兵被独立步兵所代替，这是二号坑车阵不见徒兵的主要原因。但事物的发展变化不可能是一刀切的，因此一号坑的战车和二号坑第三单元的战车后还有徒兵。这就出现了兵马俑坑有的战车单独列阵，有的车徒结合编列的二者并存的现象。为了明晰起见，有的人把不带徒兵的战车称之为轻车兵，以便与带徒兵的车相区别[16]。

战车方阵编列的另一特征是八列战车，每列八乘，两两成双，体现了双车编组的战术原则。这样的编组是为了便于左右两个方面同时接近敌车的两侧，形成夹击；在守御中，又可互相掩护一个侧面，不致左右受敌。因此，两车要形影不离，一旦分离，即成偏师，易于被敌打败。

有的人认为二号俑坑战车的编列纵横各有八乘，“这种队形受中国传统的八卦和六十四卦的影响很大……在军事上的意义，则表示可以四面八方全方位攻守作战”[17]。这一见解十分新颖。是否如此，还有待于进一步探讨。

（3）车、步、骑编组的长方阵。其编列的主要特征一是车徒结合，战车在前，徒兵在车后。这种编列方法，即古文献上所说的“先偏后伍”的鱼丽阵法。车在前用以当敌，卒在后用以待变。二是阵的末尾以两组骑兵（八骑）作为殿军。这是商、周和春秋时代的车阵所没有的新情况，也不见于文献记载。这种编组的原因，可能是因为骑兵轻捷，放在车阵之尾作为机动兵力，或用作通讯联络，或配合车战侧击，突袭骚扰敌军，以补车阵臃肿而行动不便的缺点。

（4）骑兵阵。此阵编列的主要特征一是作纵长方形排列，前端以两列战车夹一列骑兵作为阵首，接着是八列骑兵作为阵体。关于这几乘车的功用，有的人认为是作指挥车，供指挥官乘坐，另外也可装载少量供补充用的武器及配合某种战术上的行动[18]。这仅是一种推测，尚有待于新的资料予以验证。

骑兵四骑一组，三组一列，计九列，有骑兵一百零八骑。也就是说，四骑为一小队，十二骑为一分队，一百零八骑为一中队。这种编组方法与历代以五为基数的编组方法不同，其原因不明。

3．二号俑坑军阵研究中的几个问题

对二号俑坑军阵的综合分析研究，学术界是仁者见仁，智者见智。除一些基本相似的观点外，也有一些不同的见解值得注意：

（1）关于战车在车、步、骑三军中的地位问题。有的人说："战国以来，由于步、骑兵兴起，战车退居于次要地位，再无单独列阵对战的记载。""其作用一是同步兵、骑兵配合，二是作为机动的补阙（缺）之车（即游车）。"[19]步兵、骑兵出现后，只是战争的形式发生了变化。由单纯的车战变为车、步、骑多兵种混合作战；由堂堂正正的两军面对面的正面战，变为正面战、包围战、奇袭战等多种战法；由击溃战，变为歼灭战等。但是，这些都不意味着战车的作用已退居于次要地位。战国和秦王朝时，战车仍是起着重要的作用，与步兵、骑兵结合，发挥着多兵种的威力。战车被骑兵和步兵所取代，开始于西汉中期。

（2）关于二号俑坑兵种的定名及所反映的军事思想问题。有的人把二号俑坑第二单元没有隶属步兵的战车，称为轻车兵，骑兵名为锐骑兵，弩兵名为材士，总曰轻锐兵种。又说："秦俑军阵拥有一定数量的战车决不意味着它和车战时代有着难解的瓜葛，决不意味着秦军保留有车战时代的残余。"秦俑坑的军事内涵"归纳起来，这一时期起码有以下两个显著特点：一是其以步兵为主，同时有轻车、锐骑和劲弩的有力配合的兵力配置；二是两军配置的布阵和用兵方针"[20]。

轻车、锐骑、材士之称，已见于战国时的兵书。把不跟随徒兵的战车称为轻车，以便与车徒结合的战车相区别，此说可认同。至于说秦俑坑的战车已与以往车战时代的战车没有任何瓜葛，尚值得推敲。

（3）关于二号俑坑军阵所处状态问题。有的人认为是"处于一种戒备状态"，设计者是"将其置于万事皆备，一触即发的背景下来考虑的"[21]。有的人认为弩兵方阵作"临战姿态"，其余三个小阵为"集合待命状态"[22]。有的人认为"秦俑二号坑表现的正是出营列阵前的一刹那，旨在反映出秦军军容雄壮整肃、兵马机警求战的风貌"[23]。上述意见大体相似，都认为是一种整装待发状态。所不同的是，前两种意见认为二号坑已列阵，后者认为是列阵前，即不是阵。古代的所谓军阵，用通俗的话讲，就是军队排列的队形。按所处的状态讲，有行阵、战阵及不动不用的居阵。从二号兵马俑坑的实际情况来看，车兵、骑兵、弩兵均已排列有序，应称之为阵，但不是行阵、战阵，而是未动未用的居阵。它随时可转化成行阵或战阵，处于待发状态。

（三）三号坑兵马俑的编列

三号俑坑的结构比较复杂，分为左、中、右三区（图二八）。中区有车一乘。左区（即北区）有铠甲俑二十二件，分作南北两边作面对面夹道式排列。右区（即南区）有铠甲俑四十二件，分别位于前廊、甬道、前厅、后室四个区域内，作面对面夹道式排列。俑手中持有仪卫性兵器殳。

对于三号俑坑的性质、作用及一些相关问题，学术界的意见不一。现将主要的观点简介如下：

1. 关于三号俑坑的性质

目前共有三种不同的意见：一是认为三号俑坑是统帅一、二号兵马俑军阵的指挥部，古名军幕。二是认为三号坑是军伍社宗，又名之为军社。三是认为三号坑象征着郎中令统领的宫

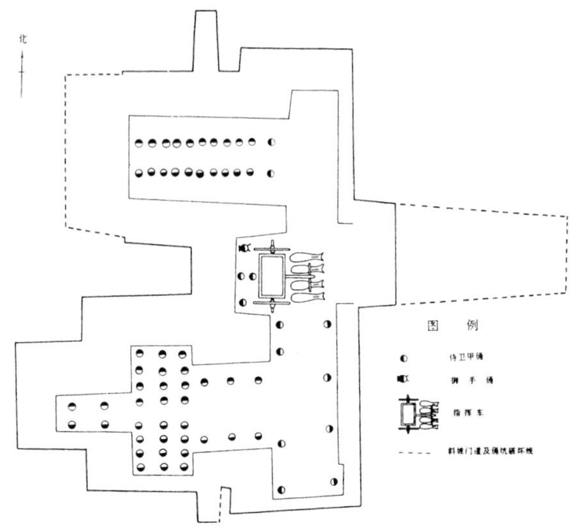

图二八　三号兵马俑坑平面布局示意图

廷侍从——郎卫，或者说是皇帝的贴身禁卫。其中军幕说，已为绝大多数学者认可。

（1）军幕说。学者们认为三号俑坑是军幕的主要理由：一是三号俑坑出土的铠甲武士俑，在坑内沿周壁面对面作夹道式排列，是一种警卫的队形。二是三号俑坑出土的兵器为铜殳。根据古文献记载，殳兵的作用第一是王的先驱，执殳为之开道；第二是宫廷内的卫队执殳；第三是候人执殳立于道旁迎送宾客；第四是武士执殳立于宫殿外之道旁，担任警卫；第五是王之先驱车向敌军营垒挑战时执殳；第六是王之侍卫仪仗执殳。这说明殳是一种仪卫性的兵器。三号俑坑的武士俑是执殳担任警卫的殳仗队。三是三号俑坑内出土的战车上有陶俑四件，古名之为驷乘车。其职责是负责传达军令，向敌军宣战，亦可佐助主将掌管金鼓。四是三号坑内出土有鹿角、兽骨等遗物。古代作战前要在军幕内进行占卜、祭祀，祈求神灵保护，古名“祷战”。鹿角、兽骨应是祷战祭祀时的遗物。五是三号俑坑的各区分界处发现有门楣、铜环，说明原来挂有幕帘。六是三号坑的位置，处于一、二号坑之后，三个坑是个有机的整体[24]。

古代大将统军出征，因为没有固定的治所，只能张布幕为府，故统军者所居之处称之为幕府，或名军幕、帷幄，或简称幕[25]。根据上述三号俑坑的各种特征，说明它是统帅一、二号兵马俑坑军阵的指挥部，即军幕。

(2) 军社说。张仲立在《秦俑三号坑性质刍论》一文中认为三号坑是军伍社宗。古代军队出征必“迁庙之祖主及社主”同行。三号坑是安置和祭祀庙主、社主的场所，名之曰社宗，又名军社。其理由一是三号坑出土有祭祀遗迹。这种军祭应在社宗。二是三号坑右区平面呈“土”字形，土为社之省；左区平面呈“且”形，即祖字，为宗。这符合左祖右社的礼仪制度。三是三号坑平面结构强调的是两个中心，一为社，一为宗。四是三号坑内的武士俑是守卫社宗的卫士。俑坑内仪卫性兵器铜殳，集中出土于左区，即宗主所在处。这与殳兵“夹王车而趋”或是“为王先驱”的记载相符，不过这里的王已是一种偶像，一种祭祀对象，即迁主。基于上述种种原因，张先生认为三号坑是“当时军伍社、宗的模拟和再现。它反映了中国军事历史中长期存在并有着重要影响的军祭活动在秦军队中占据的地位，对进一步认识秦代的军事历史有着重要的价值和意义”[26]。

军社说论述严密，但有这样几个问题不好解释：兵马俑坑军阵是象征着守卫京城的部队，不是属于出征状态。古代军队只有出发征讨在外时才迁主与之同行。京城内本有左祖右社的建制，何需迁主？再者，古代宗主多以木为之，社主多以石为之。此二者不见，而以三号坑的平面布局形状象“土”、“且”作为依据，似感证据不足。说三号坑内的战车是载主的车，车上已有陶俑四件，应是古之驷乘车，何以载宗主及社主的牌位。一、二、三号坑内有兵马俑八千件，这一庞大的军团没有指挥部（即军幕）而设置一个作为军祭活动的场所——社宗，军祭由谁来祭？

(3) 郎卫（即禁卫军）说。黄今言在《秦代中央军的组成和优势地位》一文中认为三号俑坑“是象征着郎中令统领的宫廷侍卫——郎卫，或者说是皇帝的贴身禁卫”。其理由一是三号坑靠近秦始皇陵，建筑平面呈“凹”字形，象征着宫廷的廊。二是武士俑作“夹道式”排列，此属仪卫式，不是战斗状的安排。三是武士俑手执殳。殳或戟皆属仪卫性兵器，执之宿卫宫殿门者为郎，属宫廷禁卫。四是三号坑内的驷乘车，“它当是郎官出充车骑时用的导行车，或先驱车”。五是三号坑的俑不多，表明秦时郎卫力量尚较单薄，故到汉武帝时为加强宫廷禁卫，增加期门、羽林。黄先生认为三个兵马俑坑，是“反映秦代中央军的三个组成部分”，即宫廷侍卫（三号坑）、宫城卫士（一号坑）、京师屯戍兵（二号坑）。“它们互不统属，互为表里，相互制约”[27]。

三号坑的郎卫军说，观点新颖，但是也有些问题不好解释。例如，皇帝的贴身禁卫应在京城内，而三号坑是在始皇陵园的外城东墙以外，距封土约 1.5 公里。三个俑坑从平面布局上看应为一组陪葬坑，把其中的三号坑抽出名之曰郎卫，似觉不妥。

2. 三号坑的统帅问题

三号坑是统帅一、二号兵马俑军阵的指挥部（即军幕），为什么坑内不见统军的高级军吏俑出现？对此有种种不同的议论。有人认为：在三号俑坑的西边约 150 米处有一座大墓，墓内埋葬的主人就是指挥部里的统帅。也有人认为统军的主帅是秦始皇，他已在陵墓的地宫内，因而这里不需要也不可能再出现他的雕塑形象。

上述两种说法均有可推敲之处。三号俑坑西边的那座大墓为南北向，墓室在南，墓道在北，与俑坑的方向不一致。此墓尚未发掘，墓的时代及墓内埋葬的人是男或是女都不清楚。因而把该墓的主人作为统帅一、二号兵马俑军阵的主帅，是不能成为定论的。关于主帅是秦始皇的说法，也有可商议之处。秦的兵权虽集中在最高统治者秦始皇的手里，但是军队的具体指挥还是要设职命将的。秦汉时期打仗时是临时命将统军出征，战争一结束即交回兵权。杜佑《通典》说：汉代“重兵悉在京师，四边但设亭障”，“或有四夷侵轶，则从中命将发五营骑士，六郡良家，贰师、楼船、伏波、下濑，咸因事立称，毕事则省。虽卫霍之勋高绩重，身奉朝请，兵皆归散，斯诚得其宜也”。秦始皇时代也是如此，临时命将出征，事毕交回兵权，是当时的定制。统观一、二、三号兵马俑坑，是整装待发的居阵，而不是战阵。这或许是军幕已张，而统帅一、二号兵马俑军阵的人物不见于军幕内的原因。姑备此说，以供研究者参考。

（四）未建成的四号俑坑

1976 年夏天，在一号兵马俑坑的中部北侧，二号和三号兵马俑坑之间，通过考古勘探发现一个未建成的兵马俑坑，编号为四号坑。坑内充满淤泥及淤积的砂石，未见陶俑、陶马及其他文物遗迹。1995 年夏天，在该坑的西边线及西北角开了三个试掘方，把西北角及西侧的坑边清晰地揭示出来，并发现秦代的残瓦片。根据上述情况分析，此坑是经人工有意挖掘。坑的深度和一、二、三号俑坑的深度相似。从俑坑的整体布局上看，有了此坑显得布局完整，去掉此坑则右重左轻而不太对称。因此，推断它肯定是和一、二、三号俑坑同时挖掘的一组陪葬坑[28]。

关于四号俑坑未建成的原因，有两种不同的解释。有人认为是由于“俑坑设计之初主题思想中的部分不确定性。最后经过思考和调整，决定废弃四号坑，选择了宿卫军主题，而留下了建筑等的遗憾”[29]。不过，大多数人认为是由于秦末农民起义而被迫停建。

四号坑内由于没有陶俑、陶马及其他遗物，为判断坑的性质带来了诸多不确定的因素。有的人认为“四号坑可能是计划要修的后勤部队”，名曰“左追蓐”[30]。有的人认为“四号坑是个表现战阵的形式”[31]。有的人认为“四号坑是修建秦俑坑时取土用的土壕”[32]。有的人认为是“拟议的中军”。众说纷纭，互相歧异。

拟议中的中军说：一号坑为右军，二号坑为左军，三号坑为指挥部，惟独缺少中军。四号坑所处的位置正好是中军应处的部位。缺了四号坑则军阵的编列不完整，有了此坑则构成一个完整的军阵编列体系，故认为四号坑是拟建的中军[33]。目前学术界多数人同意此说。

（五）秦俑军阵的性质

关于秦俑军阵的性质，学术界的看法是多种多样。有的认为是送葬的俑群；有的认为是为纪念战功而立的“封”；有的认为是始皇帝给自己在冥国安排的冥军；有的认为是象征秦中央军队的三种卫军；有的认为是守卫京城的宿卫军。

（1）送葬的俑群说。黄展岳认为“根据已经出土的情况，这应该是一批送葬的俑群，它形象地体现了秦始皇时代的军阵布局”。他认为“这对秦代的军队编制、作战方式、甲骑步卒装备的研究，无疑是一批最具形象的实物资料”[34]。

（2）纪念战功的“封”说。林剑鸣在《秦俑之谜》一文中说：“秦俑并不是秦始皇陵园建筑中的一部分，而是属于具有纪念碑性质的建筑物，可能称为‘封’。”其理由之一是秦统一六国后，对六国接连取得战争的胜利，乃是历史上的大事，依好大喜功的秦始皇的性格，“不可能不用秦国传统的树‘封’的办法宣扬武功”。二是秦俑坑修建的时间是在始皇十九年（公元前228年）之后，“正是秦国势如破竹地一个个消灭东方各国的时期”。“凯旋声中，秦在首都以东建立纪念战功的兵马俑军阵俑坑，以纪念战争的胜利，显示秦的国威，这是不难理解的”。三是秦每破诸侯，仿其宫室，作于咸阳北阪上。“秦在大举消灭六国之时，在咸阳以东的宫中建立宏大的秦俑坑，以纪念战争的胜利，显示秦的国威，这就不难理解了”。四是“随着战争胜利，秦必然不断的将其军阵、将士的形象仿于秦俑坑内”。这从未建成的一个俑坑可作佐证。再者陶俑的形象复杂，“反映了随着战争的胜利，秦的军队成分愈来愈复杂。

这正是秦俑坑的性质所决定的”[35]。

秦俑坑是秦始皇陵园中的一组陪葬坑，已为学术界绝大多数人认可。把秦俑坑与陵园分割，认为是纪念战功的“封”，似不妥帖。

(3) 冥军说。张文立在《秦陵布局与兵马俑坑》一文中说：“我以为，秦陵是首都的象征，代表着另一个世界的王国。秦兵马俑是军队的象征，代表着另一个世界的国家武装力量。它以常阵的形式，安排在地下王国的国都东城之外，准备着随时调遣，这就是兵马俑的含义。”[36]张先生的这一见解是正确的。但秦俑象征的是何种部队？似还可作进一步深究。

(4) 中央军的三种卫军说。黄今言认为秦俑三个坑，所反映的是秦代中央军的三个组成部分，即互不统属的三个系统的卫兵。一号俑坑是宫城卫士——南军，由卫尉统领，其主要职责是宿卫宫城。二号俑坑是京师屯兵——北军，由中尉统领，其主要职责是负责司法、治狱和治安工作，并屯驻京师以备不虞。三号俑坑是宫廷侍卫——郎卫，由郎中令统领，其主要职责是担负殿内警卫的责任，皇帝出行，则充当车骑扈从[37]。

三个俑坑结构紧密，是一个有机的整体，似不应截然分开。秦代是否有南军、北军之称，也值得推敲。

(5) 宿卫军说。此说得到许多人的赞同。秦始皇陵园的建制是根据“事死如事生”的理念，把生前的一切都模拟于地下。秦始皇生前住的咸阳城是驻有军队守卫的，即京师的屯卫军，征调郡国的材士充任。据《史记·秦始皇本纪》记载：二世立，“尽征其材士五万人为屯卫咸阳，令教射狗马禽兽。当食者多，度不足，下调郡县转输菽粟刍藁，皆令自赍粮食，咸阳三百里内不得食其穀”。由此可见，在咸阳屯卫的军队是很多的。这样众多的军队驻在京师，其作用一是保卫京师，二是其他地区有战事可调出去参战。这种军队类似西周时驻屯西京的“西六自”，和驻屯于成周（今河南洛阳）的“成周八自”，都是守卫京城的部队，名为宿卫军。如有“四夷侵轶”，则命将统军出征。一、二、三号兵马俑坑位于秦始皇陵园外城垣东，是象征着驻在京城外的军队，与宿卫军所处位置相契合，故可称之为宿卫军。

日本学者曾布川宽在《陵墓制度和灵魂观》一文中说：兵马俑坑被分配在“死后世界的始皇帝灵魂的周围，而且还组成任何时候都能出击的军阵布局，并且兵马俑手中握有武器。这些特点，仍然可以说是强化防范敌人灵魂进攻的防御设施”。他还认为兵马俑呈近卫军军阵东向，是为了“防御被灭亡的六国人民灵魂的叛乱”[38]。

（六）秦俑军阵的指挥号令

一号兵马俑坑 T2 方第二过洞、T10 方第五过洞、T11 方第七过洞出土的指挥车附近，各伴出鼓的遗迹一处。另外，一号俑坑 T10 方五过洞和 T19 方九过洞的指挥车上，各出土铜甬钟一件。指挥车上悬挂鼓、甬钟，其作用是用以指挥军队的进退。《尉缭子·勒卒令》说：“金、鼓、铃、旗，四者各有法：鼓之则进，重鼓则击；金之则止，重金则退；铃，传令也；旗，麾之左则左，麾之右则右。”又规定：“鼓失次者有诛，讙哗者有诛，不听金、鼓、铃、旗者有诛。”金即甬钟、铎之类，是停止进攻的号令；鼓是催发军队进攻的号令。金、鼓为军之耳目，一般都由将帅掌管，但在特殊情况下，御者亦可代掌金、鼓。如《左传·成公二年》记载，晋国和齐国战于鞍，主帅郤克伤于流矢，御者解张“左并辔，右援枹而鼓，马逸不能止，师从之，齐师败绩”。

（七）秦的军事制度

在研究兵马俑军阵的同时，结合秦代的文献资料，对秦的军事制度作了探讨，这是研究深化的必然结果。

1. 军队的编制

（1）秦军的体制。多数学者认为秦代军队的体制分为平时和战时两种不同的情况。平时有屯卫军、边防兵和郡国兵三种，是采用兵役的方式征集和组织的。战时从郡县调兵，临时命将统领军队出征。战争结束，则兵归田，将释兵，也就是说不存在野战性的常备军。有的人认为我国常备兵制的真正建立是从东汉时开始的。秦俑坑中的军队不存在有常备军的问题，也不是郡县兵，而是从郡县征调的屯卫军，亦称宿卫军[39]。

关于秦军军吏的设置问题，陈孟东在《秦陵兵俑衔级试解》一文中曾作探索。他说在中央掌管全国军事的最高官吏是国尉，但不具体管理军队。另有将军，不为常职。掌管禁卫军的官吏有卫尉，掌宫门屯卫兵；中尉，掌徼循京师。地方上的军事长官，郡有郡尉，县有县尉，平时负责地方兵的训练，战时统军参加打仗。作战时部队的最高统帅是将军，属于临时命将出征。在将军之下的官职有校尉、郡尉、司马、车司马、军侯、骑长等。校尉统领的是正规军。郡尉统领的是郡县兵（地方部队）。军司马是配合校尉和郡尉管理军队。车司马主管战车。军侯是校尉和郡尉下一级的军队组织的统领。

陈先生还对秦俑坑出土的军吏俑的官职作了探讨。他认为"一、二、三号坑中没有将军俑。现在所说的将军俑，应分别是校尉俑、郡尉俑和司马俑；中级军吏俑，应是军侯俑；低级军吏俑应是卒长或乘长俑及其他同级官吏俑"[40]。陈先生还在《秦陵兵俑爵级考》一文中，对一、二、三号俑坑出土的各类武士俑，依其发式、服饰、甲衣、冠的不同，判断其有否爵位及爵位的高低[41]。

关于秦军领导系统的官职名称及职名的系列，由于文献上只有零星的记载，为研究工作带来了困难，至今学术界还没有一个统一的看法。陈先生的上述论述是试图解决这一问题的有益探索，颇具启迪作用，可备一说。

（2）秦军的战术编组。根据文献记载，中国古代作战时军队的战术编组，分为左、中、右或前、中、后三军，这是一个基本的传统的战术编制方法，千变万化离不开三军制的基础。但是，有的学者认为，到秦王朝时两军制取代了三军的配置。如张仲立先生说"秦俑坑所代表的秦军显然早已抛弃了传统刻板的三军配置，代之以更适应变化万千的军事争锋局面富有生气的两军配置"[42]。张先生所说的两军，即正、奇两军，并认为一号兵马俑坑为正兵，二号俑坑为奇兵。有的人还分析认为两军制出现的原因，是由于新兵种（骑兵、独立步兵）的出现和发展，战争规模的扩大，士兵成分的变化等因素，使得原来的作战方式已远远落后，因而需要一种新的奇正战术，于是在兵力的配置上出现了奇兵、正兵的两军制[43]。

《孙子·势篇》说"以正合，以奇胜"，"奇正相生如循环之无端"。这是从战国到秦时出现的灵活多变的战术和兵力配置的重要原则。但奇、正两军是否就取代了左、中、右或前、中、后的三军配置？还是可以讨论的。大到一个战役，小到一个小的作战单位，兵力部署时都有个左、中、右或前、中、后的问题，这是古今中外战争中都要遵循的战术编制原则，否则就变成孤军。战国和秦时战争的复杂程度和前代是不一样，三军的堂堂之阵发生了变化，出现了奇正变化多端的战术。但奇正是建立在三军兵力配置的基础上的。如公元前 262～260 年的秦赵的长平之战，秦正面军“佯败而走，张二奇兵以劫之”，即正面诱敌，两翼迂回奇袭。赵军被秦军包围后，欲突围，“为四队，四五复之”（《史记·白起王翦列传》），即突围的部队分成前、中、后的梯次。公元前 305 年，赵攻中山，“赵袑为右军，许钧为左军，公子章为中军”（《史记·赵世家》）。由此可见，三军的兵力部署战国时并未废除，秦王朝时仍存在。

2. 秦军的供应制度

（1）兵器、铠甲。学术界的意见比较一致，都认为秦军士兵使用的兵器和身上穿的铠甲，是由政府授予的。湖北云梦睡虎地出土的秦简中关于这方面的律文比较多。据《秦律杂抄》记载：“稟卒兵，不完善，丞、库啬夫、吏赀二甲，法（废）。”其意思是说，发给士兵的兵器质量不好，县丞及武库啬夫和吏各罚二甲，并革职而永不叙用。《秦律十八种·工律》曰：“其叚（假）百姓甲兵，必书其久，受之以久。”其意思是说，从军的百姓领取的铠甲和兵器，必须登录甲兵上的标记，收回甲兵时要检验标记，以防假冒。这清楚地说明秦军的铠甲、兵器是储存在武库内，百姓服兵役时从武库中领取，服兵役结束后要原样交回，如有损毁要赔偿。领用者死亡或犯罪未将公器交回，由有关官吏代为赔偿。

秦中央和郡县内都有储藏兵器和甲衣的武库。中央卫兵的兵器、甲衣当从中央的武库领取。秦俑坑出土的大批青铜兵器上刻有中央官署名“寺工”二字；有的附刻“左”、“武”，即左库、武库。这是有力的佐证。郡县兵的武器是由郡县的武库配给。地方的兵器不足用，可从中央或其他郡县的武库中调拨。如秦二世元年的李斯戈，上面有刻铭“武库”二字，后又加刻“石邑”，表明是由中央的武库拨给石邑的。秦始皇十二年（公元前235年）上郡守寿戈，本是漆垣工师造，属于上郡武库之物。后又先后加刻“洛都”、“广衍”两地名。这是由上郡武库拨给其下属县使用的。

西周和春秋时期，服兵役的人是自带兵器和铠甲。如《尚书·费誓》记载鲁侯伯禽伐徐夷前在费誓师，他向服兵役的国人说：善简“乃甲胄”、“备乃弓矢，锻乃戈矛”。春秋时秦人服兵役也是自备兵器和铠甲。《诗·秦风·无衣》说“王于兴师，修我戈矛，与子同仇”；“王于兴师，修我甲兵，与子偕行”。从军人员由自备甲兵转为向官府领取，秦人似始于战国初期，山东六国似始于春秋末期。它是随着士这个阶层的没落，士兵的成分变为以农民为主而出现的。

(2) 士兵的服装。秦俑坑出土的各类武士俑，除骑兵和少数步兵俑中的中级军吏俑身穿褶服和下著长裤外，其余均身穿长襦，腰束革带，下身穿短裤或长裤，足穿履或短靴。有的人把秦俑的服装称之为军服，并认为是由政府配给的。此说不确，秦军的服装是自备的。湖北云梦睡虎地四号秦墓出土的两件木牍上的家信，是参加攻淮阳的秦军士兵黑夫和惊兄弟二人向家中要衣服和钱的家信。木牍甲（M4:11）黑夫的家信曰：“母视安陆丝布贱，可以为禅裙襦者，母必为之，令与钱偕来。其丝布贵，徒［以］钱来，黑夫自以布此。”木牍乙（M4:6）

惊的家信曰："愿母幸遗钱五、六百，结布谨善者毋下二丈五尺……弗遗，即死矣。急急急。"[44]这两封家信真切地说明秦军的服装不是由政府发给的，而是自备的。

（3）军马的来源。秦俑坑出土了大批骑兵的鞍马和战车用的马。这使人联想到秦国车千乘、骑万匹。这么多的军马是从哪里来的？从云梦秦简有关的律文可知，军马主要来源于官府的厩苑，而不是从军者自备。《秦律杂抄》中曾提到骑兵马的来源是从县的厩苑中征调，到军后进行考核，如马被评为下等，县令、县丞、县司马各罚二甲，县司马并被革职而永不使用[45]。由此推知秦军战车用的马和骑兵的马一样，是从官府的厩苑中征调。《秦律杂抄》中曾提到对车马的考核，如车马行动迟缓及瘦弱，马服役的劳绩被评为下等，厩啬夫、皂啬夫以及县令、丞、佐、史各罚一盾[46]。这里讲的是官吏乘的车马，可作为军队车马来源的佐证。

秦向来以养马著称，秦王朝时中央及各郡县都有养马的厩苑。秦始皇陵马厩坑出土的器物上刻有"宫厩"、"左厩"、"大厩"、"小厩"、"中厩"等厩苑名。对马厩坑出土的马骨进行测定，其大小和各部的比例与秦俑坑出土的陶马基本相似，属于河曲马种。由于秦养马业的繁盛，所以秦军马的供应充裕。

（4）秦军粮刍的供应。俗话说兵马未动，粮草先行。军队无辎重、无粮食、无储备是一定要打败仗的。因此，秦军每次出征都要转运大批的粮刍。秦始皇使蒙恬率军三十万北伐匈奴，"飞刍挽粟以随其后"；使尉屠睢领兵伐百越，"使监禄凿渠运粮，深入越地"。由于伐越的战争旷日持久，粮食乏绝，秦军大败。为了使大批的军队有足够的粮刍，秦国非常重视粮刍的储备和管理。秦简《秦律十八种·仓律》说"入禾仓，万石一积，而比黎之”。“栎阳二万石一积，咸阳十万石一积”。“刍、稿各万石一积，咸阳二万石一积”[47]。

秦军对军粮的管理非常严格。从《秦律杂抄》可知，对有下列违纪行为者均给予重罚：一是“不当禀军中而禀者”；二是军人在领粮的地方及经过的县中途私卖军粮者；三是老百姓私买军粮者；[48]四是战车兵、弩兵及中卒（中军之卒）用传车运输军用物资，县不得截夺，夺者，县令、县尉各罚二甲[49]。《秦律十八种·仓律》还规定，到军队中办事的人应自带口粮，不得食军粮[50]。

根据秦简《秦律十八种·传食律》记载，驿传供应膳食的标准是分级的。不同官阶、不同爵位、不同官吏随从的徒卒等，各有不同的供应标准。地位高的吃精米，并有酱、菜羹；地位低的吃粗米，有菜羹；最低级的仆人只供应粗米[51]。依此推断，秦代军队中军官与士兵以及不同官阶、不同爵位的军人，其膳食供应也应有不同的标准。

秦代对马匹饲料的供应也有一定的标准[52]。从《秦律十八种·田律》可知，领取马的饲料时要持有凭证，凭证上写明领取的数量和日期，过期不领的不再领发。由此可见，秦代对马饲料的发放制度也是相当严格的。

3. 秦军的奖惩制度

严刑明赏是秦治军的一项重要措施。有功受奖，无功者虽富不得显荣。在军中推行什伍连坐法。在重赏严刑之下，秦的三军之众，从令如流，死不旋踵。

在奖赏方面，主要是实行军功爵。授军功爵的方法，根据有关文献主要有如下几点：

一、能得甲首一者，赏爵一级，益田一顷，益宅九亩

（《商君书·境内》）。

二、军中的各级军官是以自己所率领部队斩首的多少记功行奖。超过规定斩首定额的进爵一级，不足定额的不奖或受罚（《商君书·境内》）。

三、死于战事者有功授其子爵（参见《秦律杂抄》）。

四、有罪的虽有战功不授爵（秦简《军爵律》）。

五、有军功，未斩获甲首的可以得到奖赏，但不授爵（《法律答问》）。

六、隶臣（奴隶）斩获甲首可拜爵为公士，及免为庶人（秦简《军爵律》）。

七、弄虚作假，骗取爵位的受罚，可罚作隶臣，或处耐刑（《秦律杂抄》）。

秦军中对违纪者处罚、惩处严苛。云梦睡虎地出土的秦简中关于这方面的律文较多，下面略举几例：

一、屯卫兵不上岗宿卫，署君子、屯长、仆射不告，各罚一盾。擅离宿卫岗位，每人罚二甲（《秦律杂抄》）。

二、攻城，城陷时还没进入战场，谎报说已阵亡，处耐刑；屯长、同什伍的人知情不报告，罚一甲；同伍的人罚二甲（《秦律杂抄·屯表律》）。

三、誉敌恐众心者，戮（《法律答问》）。

四、在战场上失踪或被俘，“不死者归，以为隶臣”（《秦律杂抄》）。

五、军官的职责在于指挥战斗，自己不得斩首。“故大夫斩首者，迁”（《秦律杂抄》）。

秦简中关于军法方面的律文很多，这里不再一一列举。从上可见，秦军对临阵脱逃、誉敌恐众的人惩处最重；对能激励士气、宁死不屈、勇于杀敌斩首的人给予重赏。同时在军中推行连坐法，一人犯纪，同什伍的人及其上级官吏株连受罚。在严刑重赏的控制下，只有听从号令，战死不屈，别无他路。以致造成父劝其子、兄劝其弟、妻劝其夫，皆曰：“不得，无返。”又曰：“失法离令，若死我死。”“拙（借为趋，走也）无所处，罢（败退）无所生。是以三军之众，从令如流，死而不旋踵。”（《商君书·画策》）

4. 秦的兵役制

从战国到秦王朝时，秦实行的是以郡县为单位的征兵制，农民是军队的主体。秦人服兵役和徭役的年龄界限，长期以来模糊不清。云梦秦简《大事纪》说“秦昭王四十五年（公元前262年）“喜产”，始皇元年（公元前246年）“喜傅”。傅即著之名籍为公家服役。这时喜年十七岁，是秦开始服兵役和徭役的年龄上限。关于服役年龄的下限，《汉旧仪》说秦制二十爵，有爵者“年五十六免，无爵为士伍，年六十乃免老”。可见，一般丁男服役的年龄为十七岁至六十岁。秦代丁男服兵役的时间多长，向来说法不一。熊铁基先生说：“作为规定的兵役时间来讲，就是正卒一年，戍卒一年。”“如果作卫士，便不戍边。”[53]此说大体可信。正卒一年，就是在郡县当一年兵受军事训练。戍卒一年，就是到边陲戍边或到中央当卫兵一年。二者合计服兵役的时间为两年。这是指正常情况下而言，特殊的情况是不受此限制的。秦在统一战争的过程中，战争连年不断，有的战役延至几年。实际上秦适龄男子服兵役的年限远远超过规定。

秦军士兵的主要成分是农民，但还包含少量的官奴隶、私家奴隶、政府的下级官吏、赘婿、贾人以及统治阶层中的地主、贵族，也就是说包括了各阶层，是“举国而责之于兵”（《商君书·画策》）。

注 释

[1] 王学理《秦俑矩阵的历史意义》，《陈直先生纪念文集》，西北大学出版社1992年版。

[2] 白建刚《秦俑军阵初探》，《西北大学学报》（哲社版）1981年第3期。

[3] 张震泽《孙膑兵法校理》136页，中华书局1984年版。

[4] 银雀山汉墓竹简整理小组《孙膑兵法》64页，文物出版社1975年版。

[5] 同[4]第84页。

[6] 王辉强《秦兵马俑与秦军阵法》，《文博》1994年第6期。

[7] 同[6]。

[8] 同[2]。

[9] 秦俑考古队《秦始皇陵东侧第二号兵马俑坑钻探试掘简报》，《文物》1978年第5期。袁仲一《秦始皇陵东侧第二、三号俑坑军阵内容试探》，《中国考古学会第一届年会论文集》，文物出版社1980年版。

[10] 王学理《一幅秦代的陈兵图》，《文博》1990年第5期。

[11] 周士琦《秦兵马俑二号坑的四兽阵》，《光明日报》1994年11月8日。

[12] 袁仲一《秦始皇陵兵马俑研究》161页，文物出版社1990年版。

[13] 同[2]。

[14] 同[6]。

[15] 春才《跪射俑考》，《文博》1986年第4期。郭淑珍《试论秦俑坑弩兵在中国军事史上的意义》，《文博》1994年第6期。

[16] 王辉强《秦兵马俑与秦军作战方式》，《文博》1987年第1期。

[17] 同[6]。

[18] 张仲立《关于秦俑坑的战车》，《文博》1988年第6期。

[19] 同[10]。

[20] 张仲立《秦俑二号坑军阵与轻车锐骑材士》，《文博》1987年第1期。《关于秦俑坑战车》，《文博》1988年第6期。

[21] 同[20]。

[22] 同[17]。

[23] 同 [10]。

[24] 秦俑考古队《秦始皇陵东侧第三号兵马俑坑清理简报》,《文物》1979 年第 12 期。该文首次提出三号坑为“军幕”。以后诸多先生对此说给予认可。

[25] 张文立《秦俑军事丛谈》,《秦俑学研究》陕西人民教育出版社 1996 年版。

[26] 张仲立《秦俑三号坑性质刍论》,《文博》1990 年第 5 期。

[27] 黄今言《秦代中央军的组成和优势地位——兼说秦兵马俑所反映的军制内涵》,《文博》1994 年第 6 期。

[28] 袁仲一《秦始皇陵东侧第二、三号俑坑军阵内容试探》,《中国考古学会第一届年会论文集》,文物出版社 1980 年版。

[29] 同 [6]。

[30] 同 [2]。

[31] 同 [10]。

[32] 党士学《四号坑是未建成之俑坑说质疑》,《文博》1989 年第 5 期。另外,张文立先生也认为四号坑是一个未建成的俑坑,“有可疑之处”,参见《秦俑研究综述》,《秦俑馆开馆三周年文集》1982 年 10 月。

[33] 秦俑考古队《秦始皇陵东侧第三号兵马俑坑清理简报》,《文物》1979 年第 12 期。袁仲一《秦始皇陵兵马俑研究》164～165 页,文物出版社 1990 年版。

[34] 黄展岳《中国西安·洛阳汉唐陵墓的调查与发掘》,《考古》1981 年第 6 期。

[35] 林剑鸣《秦俑之谜》,《文博》1985 年第 1 期。

[36] 张文立《秦陵布局与兵马俑坑》,《文博》1986 年第 5 期。

[37] 黄今言《秦代中央军的组成和优势地位——兼论秦兵马俑所反映的军制内涵》,《文博》1994 年第 6 期。

[38] 曾布川宽著、苌岚译《陵墓制度和灵魂观》,《文博》1989 年第 2 期。

[39] 郭淑珍《将军俑与秦代军队组织》,《文博》1987 年第 6 期。

[40] 陈孟东《秦陵兵俑衔级试解》,《文博》1984 年第 1 期。

[41] 陈孟东、卢桂兰《秦陵兵俑爵级考》,《文博》1985 年第 1 期。

[42] 同 [18]。

[43] 同 [2]。

[44] 孝感地区第二期亦工亦农考古训练班《湖北云梦睡虎地十一座秦墓发掘简报》,《文物》1976 年第 9 期。

[45] [46]、[47]、[48] 睡虎地秦墓竹简整理小组《睡虎地秦墓竹简》(线装本、释文),[45] 见 88 页,[46] 见 93 页,[47] 见 29～31 页,[48] 见 89 页,

文物出版社 1977 年版。

[49] 睡虎地秦墓竹简整理小组《睡虎地秦墓竹简》（平装本）131 页，文物出版社 1978 年版。

[50] [51] [52] 同 [45]，[50] 见 46 页，[51] 见 101～103 页，[52] 见 47 页。

[53] 熊铁基《试论秦代军事制度》，《秦汉史论丛》第一辑。

五　秦俑艺术

秦俑自发现以来，研究秦俑艺术的文章如雨后春笋般涌现。截至目前为止，已发表的关于秦俑艺术的论文达七十余篇。有关研究所涉及的问题十分广泛，但概括起来主要集中在如下几个方面：秦俑的制作工艺、秦俑的艺术风格与技巧、秦俑的主题思想、秦俑在中国雕塑艺术史上的地位和秦俑的作者等重大的研究课题。

（一）秦俑的制作工艺

秦俑坑出土的大批形体高大的陶俑、陶马是怎样制作的？这是国内外人士比较关心的问题。考古工作者在发掘和修复的过程中，经过一件件详细的观察，大体摸清了陶俑、陶马制作的工艺过程及技艺方法。它是以手塑为主，俑头和马头曾借助于模制作初胎，再经细部雕刻。其工艺过程是先用泥塑成粗胎，再经二次复泥进行修饰和雕刻，头、手和躯干分别制作，然后组合到一起，成型阴干后入窑焙烧，出窑后通体彩绘。

1. 陶俑的制法

（1）俑头的制法。俑头系单独制作，然后与躯干套合组装成一体。俑头的制作分为两个步骤；先用泥制成粗胎，再进行五官及细部的雕刻。俑头粗胎的制法有两种：一是合模法。将俑头分为大致相等的前后两半，分别用单模制作，然后将两片单模相合粘接一起成为头的大型。合缝线多位于双耳后，亦有在耳前或耳的中部者。俑头出土时，有些已从合缝线处分裂成两半，合缝线整齐。胎壁的内侧有手指的抹划纹及按压纹。一、二、三号俑坑的绝大多数俑头，都是采用这种方法制成粗胎的。二是单模和手塑结合法。就是俑头的面部是用单模制作，形状为椭圆饼形。泥层分为内外两层，外层为细泥，内层为粗泥。即先在模内铺细泥，用手按压使与模密合。然后再堆置粗泥，用以加固。俑头的脑壳部分是捏塑的，形状像椭圆形的瓢。再将模制的面部粘接在瓢形脑壳的上口。此类俑头出土时，有的从粘合缝处裂开。用此法制作的俑头粗胎数量较少。

俑头的粗胎制成后，要进一步贴接脖颈、耳朵、发髻、冠帻以及进行五官细部的刻画等。俑头的脖颈，有的为空心颈，有的为实心，贴接在脑壳下部的空腔内。也有的脖颈和脑壳的两片模一起制作，两片模拼合时粘接一起。双耳是用单模制作，贴接于脑壳的左右两侧。也有少数俑的双耳是堆泥捏塑和雕刻而成。陶俑的发髻有两种：一是贴于脑后的扁髻，成高浮雕的长方形板状，多数是堆泥雕成，少数系单作后贴接于后脑。另一种为圆形发髻，有的为空心髻，有的为实心髻，空心髻是用合模法制成后贴接于头顶右侧，实心髻是堆泥雕成。发辫的制作技法有两种：一是雕刻而成，一是单独雕成后贴接于头上相应的凹槽内。俑头戴的长冠和鹖冠，都是单独雕塑成型后粘接于头顶。步兵俑头的帻及骑兵俑头上的圆形小帽（古名弁），都是在头上覆泥雕成。

俑头面部的五官是在模制粗胎的基础上，再经过精心的雕刻和修饰，用以表现人物不同的性格和心理特征。年龄不同，面部的肌肉也相应地有所变化。可以说是千人千面，面貌神情

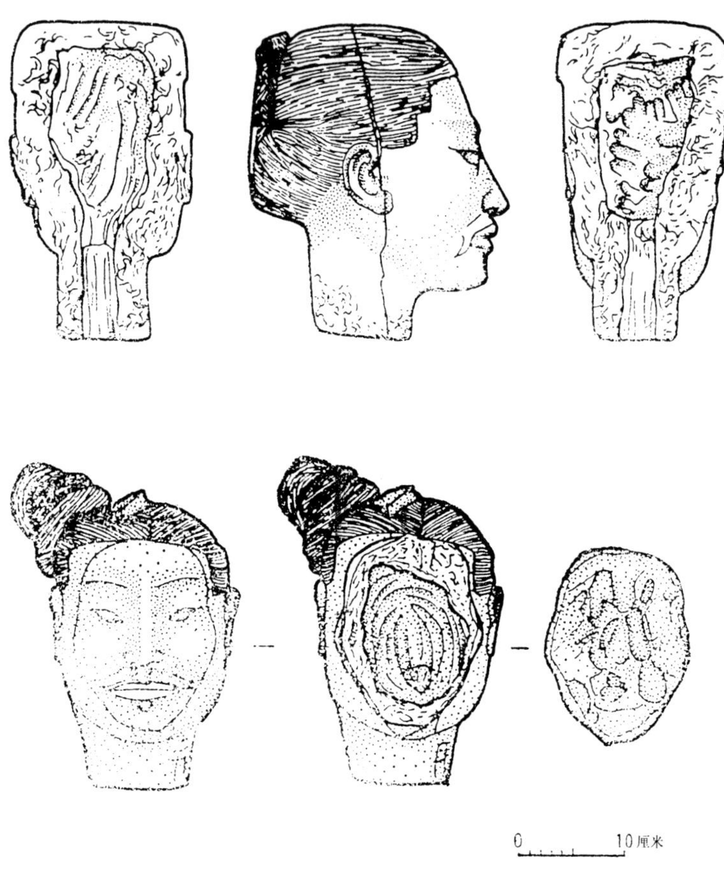

图二九 陶俑头制法（上合模法、下单模法）

不各相同。俑的胡须有二十多种不同的类型。有的是用雕塑法形成。两片板状小胡、圈腮大胡是用堆泥或贴接泥片，再经雕刻而成。陶俑的发型变化多端，有篦纹式、弦纹式、波浪式、瓜棱形、方包形等。其雕刻技法各不相同（图二九）。

（2）俑躯干的制法。陶俑躯干的制法，是从下而上逐步采用叠塑法先制粗胎，再进行细部的处理和雕刻。其工艺流程和技法如下：

足踏板：首先制作陶俑双足下站立的足踏板。踏板有方形、长方形、五角形等，是用方框形的模具填泥制成板状，表面光滑，背面有的遗留有草叶、秸草或席子等印痕，多数无纹饰。

俑的双足：有的俑的双足和足踏板是分别制作，待整个俑制成入窑焙烧后，再用粘接剂把踏板连接于双足下。绝大多数俑是在制作踏板的过程中，即堆泥塑造足、履或靴，两者浑然一体，在泥层上没有截然的分界。也有的在作踏板时作出相应的凹槽，待稍微阴干后在槽内堆泥塑造足履。

俑的双腿和短裤：俑腿有粗、细两型，细腿实心，粗腿空心。实心腿的制法，先将泥片反复卷搓锤打成圆柱形，接塑于足跟部，交接面上拍打粗绳纹，使结合紧密，再经刮削修饰成型。空心腿的做法多种多样，有的在足跟上堆泥塑成足腕，在足腕上用泥条盘筑成型；有的用泥片卷成漏斗形，接于足跟部；有的将泥片卷搓锤打成实心的泥柱粘接于足跟上，再将泥柱的上半段挖成漏斗形的洞。陶俑下身穿的短裤的制法，先在双腿的上段外侧拍印一周粗绳纹，有的是缠扎数周粗麻绳，把预制的泥片包裹在双腿的上段塑造成裤管。

俑躯干的制法：俑的躯干是空腔，用泥条盘筑法成型。其

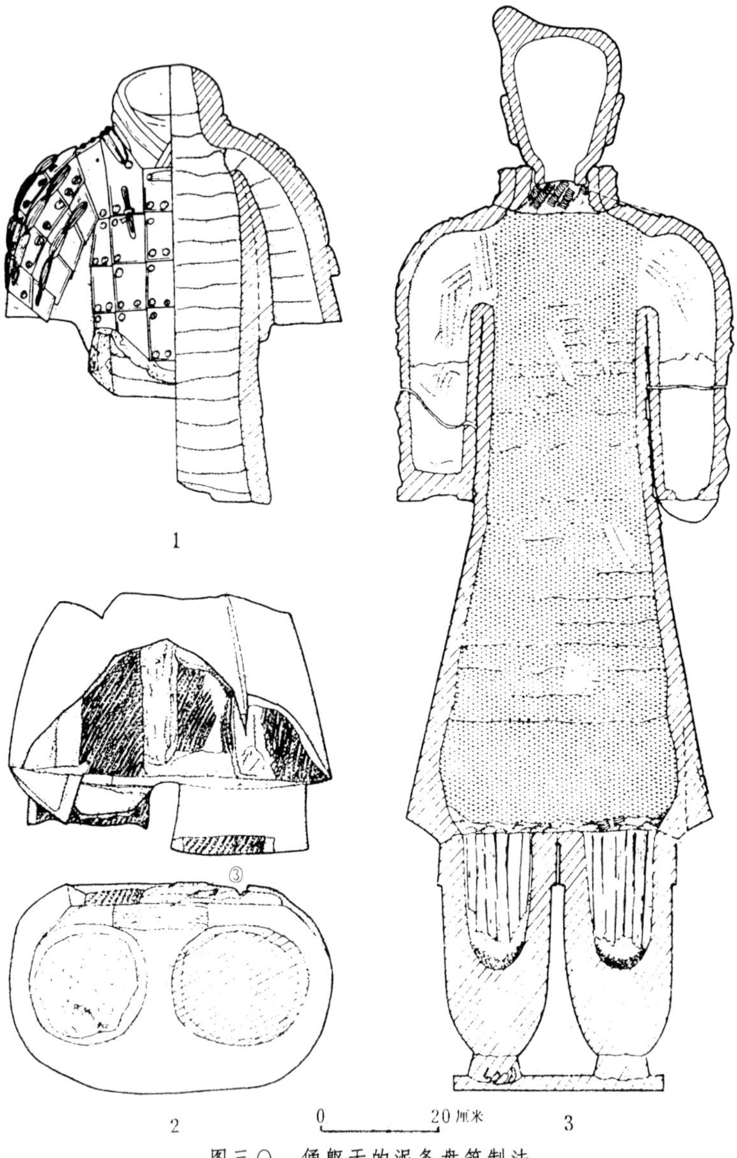

图三〇 俑躯干的泥条盘筑制法

工艺过程是先在双腿上段短裤的两裤管之间连一亚腰形泥块，把双腿固接成一体；再在其上塑成周边高起的椭圆形的基盘，即躯干的底盘。为防止底盘的泥片下坠，在其周围用若干个丁字形支架承托，有的还在底盘的周围用麻绳缠扎。从出土的破碎陶片观察，支架及麻绳的印迹清晰。待躯干的底盘稍微阴干后，在底盘上用泥条盘筑法塑造躯干。一般以腰部为界分为上下两段。先把下段的体腔用泥条一圈圈的盘筑成型，稍事阴干硬结后，再盘筑体腔的上段。从破碎的躯干内侧观察，泥条的接茬处清晰可见。另外，还发现有指抹纹、麻点纹、绳纹、麻布纹等。在大片的麻布纹、绳纹上有用木锤锤击的凹窝。有人曾提出制造躯干时是否曾用外模或内模来控制大型，但目前没有发现用模的点滴遗迹。这是个今后应特别留心观察的问题(图三〇)。

粘接俑的双臂：陶俑的双臂为空腔，系单独制作的预制件。臂有直形和曲形两种。直形臂多数是用泥条盘筑法塑成，少数为卷泥片法制成。曲形臂从肘部分成上下两节，分别用泥条或泥片塑成，然后把两节粘接成一体。双臂制成后粘接于胸腔的左右两侧。粘接面上拍印绳纹或刻出交错的纹路，用细泥把二者粘接一起。有的在胸腔的两侧各挖一洞孔，与臂腔的孔相通，粘接后在两孔的交接处覆泥加固。因双臂悬垂易于下坠，粘接时必须在下部用丁字架支撑。

插接俑的双手：手系单独制作，然后插接于袖管内。手的姿态多样，制法不一。伸掌的手用合模法制作，其中一片模制手的四指和手背，另一片模制掌心和拇指，然后两片粘合一起。也有部分伸掌的手系捏塑、雕刻成型。半握拳的手，有的用捏塑法雕成，有的用模制与捏塑结合，即手掌与四指分别模制成型，再粘接一起，拇指是用捏塑而成。另外还有一些特殊形状的手，是用捏塑法制成。俑的双手多数是在陶俑入窑焙烧前插接于袖管内，用软泥粘接到一起的；或者在袖口和手的长柄（即手腕和一段小臂）上各挖一圆孔或方形孔，用泥钉固定，空隙处用软泥填塞。有少数陶俑的双手是入窑焙烧后插接于袖管内，插接后用碎瓦片塞实，再用粘接剂填塞空隙。

躯干的细部雕饰：陶俑躯干的粗胎制成后，再覆一层细泥。上身覆泥较薄，下身尤其是衣摆处覆泥厚约 2～5 厘米。覆泥后经过刮削、打磨抹光，再刻画、雕造衣襟、衣角、领口、甲衣及各种褶纹。衣襟、衣角、领口是用高浮雕加阴线刻的技法；袖口的纹饰用减地法刻成浅浮雕的效果；衣服的褶纹用阴线刻的技法，风格简洁。腰带是用减地法雕成，再刻画或模印花纹。带钩是贴泥雕成浅浮雕或高浮雕的效果。裤管雕成圆筒形、盘口形、方形、六角形、褶波形等各种不同的形状。腿的护腿及裹腿上的纹饰、带结，是用阴刻线及贴泥片雕成。俑身上的铠甲，是在二次覆泥的基础上雕刻成浅浮雕的效果。甲片之间的联甲带，是单独模制的预制件，粘接于甲衣上。甲钉（即甲组的针脚）的制法，是在甲衣的相应位置钻一小孔，在孔上堆一泥丸，用模压泥丸，部分泥伸入小孔成为钉杆，钉冒上留有线组纹样。甲片的叠压关系清楚，形象逼真，与真实甲衣的形状无异。陶俑的手、足、履的刻画精致。手的指甲、关节、手纹及肌肉的厚薄都非常逼真，好象透皮见骨。足面肌肉及筋骨的变化都十分清晰。手、足的雕造做到了“皮肉明备，骨节暗全”，符合解剖原理。俑躯干的细部雕饰完毕后，再把俑头的脖颈插接于体腔的上端，用软泥粘连一起。也有少数俑是俑头和躯干分别入窑焙烧后，再套接在一起。

图三一　陶马头的合模缝

2. 陶马的制法

在清理和修复陶马的过程中，发现陶马的制作方法是马头、颈、躯干、四肢、尾、耳等分别制作，然后粘接和拼装成为粗胎，再经过雕饰加工成型，阴干后入窑焙烧，最后彩绘。

（1）马头及颈的制法。马头是用模塑结合法制成。狭窄型马头，利用左右两片大小相等的单模制作，每片的内侧用手按压、锤打的痕迹清晰。然后将两片粘接一起，合缝线在马头的正中。马的下颌系单独捏塑，并雕出舌和牙齿，粘接于马头下部。宽博型马头，利用左右、上下及下颌五块泥片粘合组成。左右两片分别用单模制成，其余三片系捏塑，五片粘合后在合缝线的内侧一般都要覆泥加固（图三一）。

马头上的双耳、飞鬃（古名文髦），分别手塑、雕造成型，插接马头上相应部位的圆孔内，再覆细泥修饰。

马颈是由左右两块倒梯形的泥片粘接而成。合缝处的内侧覆泥，经手抹、按压、锤打使合缝紧密。马颈的前后两端与马头、躯干连接处呈斜形面，连接面上印有粗绳纹，以增强粘接的拉力。颈上的立鬃是堆泥雕成。

（2）马躯干、四肢及尾巴的制法。马的躯干中空。从已破裂的合缝线观察，分为臀、腹和胸腔三段，每段由若干块泥片拼合而成。臀部，有的用三块泥片，有的用五块泥片组成。马的腹部有用三块或四块、五块泥片组成。胸腔用五块泥片合成。所有泥片合缝处的内侧，都覆一层硬泥，经过锤打使合缝密实。锤打时衬着麻布或麻绳的编织物。

马的四肢是分别制作的预制件，密度大，坚硬如石，是用泥反复折叠锤打塑造成型。四条腿的上端和躯干连接处，有的呈盘口形，有的呈方榫形。呈盘凵形者，是用粘接法与躯干连接；呈方榫形者，是用榫卯结构与躯干套接，再在其上部覆泥用棒捣压，使二者结合紧密。有的在四条腿的上端内侧各有一楔形槽，槽的上口与腹腔相通。槽内嵌有陶楔，用粘合剂固定，说明是入窑焙烧后才将楔形槽封堵。此槽的作用似为与躯干拼合时作为腹内支架的立柱孔。

马尾的制法是战车上陶马尾的末端绾成髻形，骑兵马的尾呈长辫形，都是手塑、雕刻成型。尾的上端作成长方榫状，插接于马臀的方形卯孔内。

（3）陶马各部件的组合。根据观察和研究，推测其拼装组合的工艺过程，大体可分为如下几个步骤：

第一步，把四条腿树立在相应的位置，搭好马腹下的支撑板。

第二步，拼装躯干。其具体做法推测有如下三种方法可供选择：第一种方法是将马的臀、腹、胸腔三段预先粘接成一体，然后与四条腿拼装一起，结合点上覆泥加压锤打。马腹的左右两侧各有一径约8厘米的圆孔，作为工作孔用。从马腹下的圆孔及四条腿内侧的四个楔形槽的孔内各插入一根支柱，五根支柱成梅花形伸入躯干内腔支撑，防止因躯干太重使拼装变形。第二种方法是将躯干分段拼接，即先把臀部置于马的后腿上，再依次连接腹腔、胸腔。支撑方法同前。第三种方法是臀、腹和胸腔三段事先都不做成预制件，而仅制作成若干块泥片。利用泥片在四条腿及支架上依次塑造臀、腹和胸腔。上述三种方法各有优劣，秦人究竟用何种方法已不可确知。

第三步，先将马头与颈连成一体，再与躯干连接。这时整个马的内腔已闭合，在马颈的一侧开一圆孔，将手从孔内伸入在连接点上覆泥按压加固。最后用硬泥将圆孔封堵。在马头和颈下要用丁字形支架承托，以防下坠。

第四步，安装马尾，并覆泥加固。在拼装组合的各个接茬处，都发现在内侧有覆泥加压锤打的痕迹及手抹划的痕迹。有的陶马的臀、腹、胸腔三段的连接处的内侧有环形麦草的条带纹泥层，与胎壁结合不紧密，是二次覆泥加固时形成。有的人提出，在做马的躯干时是否曾利用外模控制大型。因马的外表已经打磨光滑，找不到一点模的遗痕。这是需要进一步观察和研究的一个重要问题。

（4）马体细部的雕饰。马的各部件拼装组合后，再普遍涂一层细泥，经过刮削打磨使表面光滑平整。在马的胸部堆泥雕造胸肌，双肩覆泥雕造肩胛。在高浮雕的立鬃上，用阴线刻画出缕缕鬃毛。马的四肢用刀刮削以表现筋骨。马的眼睛系二次覆泥雕成。马的面颊、鼻孔及细部的皱纹，都是经过精心雕刻的。骑兵马背上的鞍鞯及各种装饰件是覆泥或用贴泥片的方法雕造而成。

陶马的整体造型，躯干用大型的弧面以表现膘肥劲健，是比较成功的佳作。

3. 陶俑、陶马的陶质、陶色及烧成温度

俑、马的陶质成分，经取样分析，所用原料为黄土，经淘洗去掉土中的杂质，另外掺和了含有石英、长石、云母等成分的砂粒，以增强泥的机械强度和透气性能。

俑、马的陶色多为青灰色，少数为青黄色或灰黑色，颜色纯正，基本上没有夹生现象。经测试陶俑、陶马的烧成温度，低者为 950～1000℃，高者为 1000～1050℃。陶俑、陶马的形体和真人、真马大小相似。胎壁厚薄不一，薄的地方仅 1～2 厘米，最厚的地方达 10～15 厘米，大部分厚 2～4 厘米。这样很容易使薄的地方已经烧过，而厚的地方烧不透出现夹生。或因透气性能不好而出现炸裂。为解决这些问题，在制造工艺方面采取了许多特殊的措施。例如，为了尽量减少泥胎的厚度，将衣的下摆有的作成空腔的双层；将实心腿有的钻一上下垂直的圆孔；有的将足下的踏板挖成长方槽形，槽孔深入足掌内部等。为解决焙烧时通火、透气的问题，在俑的臀下、马的腹部留有一至三个不等的圆孔。通过上述措施，使陶俑、陶马各部位均已烧结且无变形、无炸裂，色纯，质硬，敲之有铿锵的金属声。

通过实验获知，焙烧要慢加温，火力过猛会出现炸裂及有的部位已烧结、有的部位夹生的现象。烧制秦俑的陶窑目前还未找到。在一号兵马俑坑的东南部约二三百米处，曾发现许多陶俑、陶马的残片。据当地农民讲，这附近原有个大土沟，沟壁上有许多陶窑，平整土地时已被破坏。估计烧秦俑的窑有可能在此附近。

4. 陶俑、陶马的彩绘

陶俑、陶马烧成出窑后，通体彩绘。颜色的种类有红、绿、蓝、紫、黄、黑、白、赭等色。每种颜色中又有深浅、浓淡的变化，形成不同的色阶。经分析颜色的成分，多数颜色为天然的矿物质。其中的红色为朱砂或铅丹，白色为磷灰石或铅白。铅丹和铅白是利用化学方法制造的[1]。紫色的成分为硅酸铜钡（$BaCuSi_2O_6$），是人工合成的[2]。

施色方法是在陶俑、陶马的表面先涂一层生漆作底，在底上涂彩色。手、足、脸部涂色较厚，一般施色两层。颜色似用胶质调和，浓度较大，用毛刷平涂。色调明快、艳丽。

在清理和修复陶俑的过程中，发现俑的腿、臂断折后的修复方法：在断在处涂粘接剂连接后，再包裹麻布，在麻布上涂生漆，再彩绘。

（二）秦俑的艺术风格与技巧

1. 写实的艺术风格

秦兵马俑为写实性的优秀作品，是国内外专家一致的意见。在构图上它模拟军阵的编列。八千件和真人真马大小相似的陶俑、陶马，一列列、一行行排列有序，场面壮观，气势磅礴，呈现一种艺术的崇高境界，令人心灵震撼。

从局部观察，每件作品都精心雕琢，极力模拟实物。其严格的程度令人吃惊。例如，陶俑、陶马的高低以及战车的大小和各部的比例，都尽力按照实物的真实尺寸制作；武士俑的铠甲，甲片的大小、叠压关系及编缀方法，与真实的甲衣完全相同；武士俑手持的是实战用的兵器；俑的服装、冠履、发型，都酷似真实；队列的编制组合，也合乎兵书上的规律。这是秦真实军队的写照。

刘晓纯说："秦俑雕塑群，整体的宏伟磅礴和强烈的抒情性，局部的严谨精细和写实的技艺性，适成鲜明的两极。""极端的'广大'与极端的'精微'，一时却难以让人获得一个统一的印象。"他又说："秦俑相对于中国雕塑传统，显出更多的写实性，而相对于罗马肖像，又显出更多的主观性、'抽象'性、写意性，显出明显的东方色彩和中国风格。"[3]张仃说："以前有人认为，我国雕塑在古代时，没有写实能力，只能搞得很粗犷，只能是那么一种风格。秦俑的出现，推翻了这种论断。"[4]

2. 神与形的统一

秦俑艺术的一个显著特征，是重视传神，这点已为大多数专家公认。作者抓住不同身份、不同人物的性格特征和精神面貌着意刻画，塑造多种多样的人物典型。如将军俑的形象是身体魁梧，巍然伫立，有非凡的神态和威严的魅力。有的面型修长，一把长须，显得稳健风雅；有的髭须飞卷，目光炯炯，表现了威猛的气质和豁达的性格。一般战士的神态更是多种多样。有的眉宇凝聚，显得意志坚定而刚毅；有的五官粗犷，性格憨厚淳朴；有的舒眉秀眼，性格文雅；有的注目凝神，机警聪敏；有的神情肃穆、稳健；有的眉宇舒展，带着天真活泼的稚气。也有通过一定动作的塑造，来揭示人物精神面貌的。如二号俑坑出土的立射俑，左腿前拱，右腿后绷，左臂伸张若扶枝，右臂曲举若抱儿，绷着嘴，鼓着劲。那严肃认真的神态，逼真而生动。

许多美术界的专家对秦俑的神态作了肯定的评价。王子云说：秦俑“精神气质的头部刻画，却件件细致入微，神态生动”。王朝闻说：“越看越觉得人物的神态很不平凡——在严肃中显得活泼，在威猛中显得聪明，在顺从中显得充满自信等等引人入胜的个性特征。”傅天仇说：“秦兵马俑不但突破了千人一面这一群雕的难关，且以形象塑造之丰富令人赞叹。不是主观臆造，不是依样画葫芦地照抄生活，而是将生活中无数的形象进行归纳、提炼，因而较之生活原型更为鲜明。”[5]

刘晓纯指出：“神态的刻画的丰富性恰恰是秦俑的重要成就之一。但同时某些武士俑的神态与周围的环境缺乏呼应的现象，又是与这一成就同时并存的。更重要的是，这种游离状态恰恰是构成个体气势与总体气势不完全适应的因素之一。”他又说：相当多的武士俑神态“让人不易把握”，“增加了人物神态的含蓄性和神秘性”，“那千百张面孔构成的巨大寂静，恰恰更让人感到这军阵巨大威慑力的深浅莫测。这效果对于创作者来说，大概也是始料所不及的”[6]。

秦俑脸型可分为目、国、用、甲、田、由、申、风等八种基本型，或谓之标准型，即中国人面型的共性。前五种脸型在秦俑中所占数量最多，后三种脸型所占比例较小。我国民间雕塑家把这八种脸型称为“八格”，或曰“八字”。这说明远在秦王朝时雕塑家已掌握了这一造型规律。

秦俑头部的造型，一般都比较和谐。刘晓纯先生指出：“有的是方圆脸、大颧骨、浓眉、阔鼻、厚唇，整个造型统一于浑厚；有的脸圆润，弯弯的眉，流畅的鼻轮廓线，颇带韵味的嘴角，整个造型统一于柔润；有的则是长脸、尖下巴、薄眉

图三二 高级军吏俑头像

图三三 中级军吏俑头像

图三四 下级军吏俑头像

图三五 御手俑头像

图三六　立射俑头像

图三七　步兵俑头像

图三八　步兵俑头像

图三九　步兵俑头像

图四〇 步兵俑头像

图四一 步兵俑头像

弓、窄鼻梁、薄嘴唇，整个造型统一于薄。这几百张面孔，这样有个性，又这样顺应自然之性，合乎生活之理，这使人不能不猜测：秦俑是不是以真人为模特儿塑造的。”他还认为：“秦俑有相当程度的写生性和肖像性，其客观的写生性多于典型的创造性。”[7]（图三二～四一）

秦俑体型可分为如下几种不同的类型：膀阔腰圆，立如铁塔的力士型；长腿猿臂，形体较扁而高大的长体型；上下线条笔直，形如圆柱的壮士型；形体修长的俊秀型；凹腰鼓腹型；身体瘦小型；中等身材的形体扁宽型等。

上述几种造型都是现实生活中习见的体型。这些造型的共同特征是以圆筒形或近似圆筒形的躯干为中轴线，力点左右均衡对称，形如铜钟，体现了对象的体、量、形、质等诸要素，稳固、安定、浑厚、凝聚力很强。比较熟练地掌握了人体的比例和形体结构的一般规律。手法简洁、概括，无过多的虚饰。神、形、体做到了比较好的结合。

台湾陈英德说：秦俑“从各个角度看来，都很合写实的形象原则，每一视觉面都出现立体雕塑的空间美”。“这使我想到，近半个世纪来，由于西方艺术的冲击，使大家似乎只习惯于希腊、罗马……的雕刻美，而对于以汉族形象为中心的美似乎丧尽了信心。这些武士俑正把汉族形象的美，作了一次大面积的展示，使我们得到一次反省学习的机会”。中西方审美的角度不同，“中国男性力士人物美在腹；西方男性武士美在胸。两者之美原无高低上下之分”。“一个民族的形象，如果在艺术中被另外一个民族的形象所取代，那实在是一个民族自信心沦落的最大败征，说来是最令人悲哀的事”[8]。

3. 艺术的夸张与提炼概括

秦俑艺术形象是极力模似实物，但它又不是实物的翻版。在一些关键的部位又运用了夸张和提炼概括的艺术表现手法。例如，秦俑眉毛的塑造，加上了眉毛的厚度，把眉骨塑得有角有棱，使人物的面目显得明快、清晰。秦俑胡须，有的塑得飞起来、立起来、翻卷起来。这种夸张使人并不觉得不真实，反而感到人物的性格鲜明、突出。

陶马的塑造，手法洗练概括。四肢好象用大刀阔斧的手法砍削，前圆后方，前直后拱，棱角分明，好似钢铁般的坚硬，劲健有力。马的胸部肌腱隆突，马的臀部塑得圆润、厚重，脊部宽博、微向下凹，富有节奏感。马头的塑造比较细腻，眼皮、鼻翼、嘴唇等细部，用阴线雕刻，层次丰富。马的眼眶高隆，睛如悬铃，炯炯有神。双耳尖小而厚，异常机敏。俗话说：“画人难画手，画马难画走。”秦马的作者通过马的奋鬃扬尾、张口嘶鸣的神态刻画，把马跃跃欲驰的动态表现出来。陶马是被专家公认的成功作品。有的人说："陶马那种体温、脉搏、弹性的感觉，并不是依靠对血管和肌肉的过细刻画造成的，而是通过极洗炼的形体表现出来的。陶马柔中见刚的大轮廓线，似乎像韩干、李公麟的马一样，让人感到'骨法用笔'的味道。"[9]

秦俑艺术的造型，把圆雕、浮雕和线雕有机结合起来。运用塑、堆、捏、贴、刻、画等中国雕塑传统的技法，来显示立体形象的体、量、形、神、色、质等艺术效果。傅天仇先生说：秦俑的作者"运用多种特制塑刀等工具作平面塑型，拉线、印花、挑、填、刮、磨等手法塑造加工，使肌肉、五官、须发等产生不同的体量与质感，塑造出同一类型而性格各异的形象"[10]。

以线条装饰是中国雕塑的一大特色。这在秦俑身上表现得比较明显，利用各种不同的线条来表现形体的质感。例如"将军俑不仅胸甲、腹甲的结构线刻划得刚劲峻拔，而且从双肩到两臂的轮郭线、胸腹和脊柱的侧轮廓线，也显出较强的气势和力度感。这里显示出中国雕塑线、体结合的深厚传统"[11]。

4. 绘塑结合

绘塑结合是中国古代雕塑的另一个重要的传统。秦俑原来是全部彩绘，由于经过秦末项羽军队的焚烧和自然力的破坏，陶俑、陶马身上的颜色仅存少量残迹。近年来发掘出土了六件颜色保存较完整的陶俑，使我们对秦俑的原始风貌获得比较清晰的认识。彩色已脱落的秦俑，给人的视觉效果是质朴、纯厚、凝重，有的甚至有点呆板。彩色保存较完整的武士俑，给人增添了气氛热烈、活泼，富有生气的新感觉，使军阵更显得威武、雄壮。

在绘与塑的关系上，作者注意到了二者互相补充、配合后的效果。如眼睛雕得小些，眼球较平缓，绘上白睛黑眼珠，就变成了大大的眼睛，非常精神。马嘴的开张和鼻孔塑得小些，绘上红舌、白齿和肉红色的鼻孔后，就有了鼻孔粗大歙张、张口嘶鸣的艺术效果，取得绘塑相得益彰的艺术魅力。

秦俑施色的特点是色调明快，上衣有大红、朱红、紫红、粉绿、天蓝等色；裤和护腿有红、绿、蓝、紫等色；俑的手、脸、足为粉红色；陶马通体涂枣红色。着色总的基调是鲜艳绚丽。施色的方法采用强烈的对比色，上衣为红色，则下衣为绿或蓝、紫色；上衣为绿色，则下衣为红、紫等色。衣的领、袖口、襟边与衣体的颜色亦用对比色。将军俑的彩色鱼鳞甲，在白色的底上绘红、绿、黄、紫、蓝等绚丽的图案花纹。在红色与绿色之间往往用黑或白作为补间色。秦俑这种用大红、大绿对比的施色方法，造成一种炽热、雄壮的效果，在视觉上给人心理造成一种气势磅礴、凛然不可侵犯的威严。

秦俑这组大型群塑，是以屯驻的军阵为题材，不是行军和打仗的厮杀场面，不可能有激扬的动势。军队要整齐、肃穆，情感上不可能有强烈的喜、怒、哀、乐。在这种有限的天地里，秦俑的作者有意识地探索了人物个性的塑造，比较成功的塑造了大批各种各样武士俑的形象，在造型和传神方面的成就都是巨大的。显示出类型与个性的统一，形体概括与形象具体统一的写实风格。专家们认为，俑头像和马的塑造代表了秦俑的最高水平和真正精华。有的人说：“秦俑的艺术思维，就其主流而言，理智多于热情，科学态度多于艺术想像，技艺性多于艺术性，外形特征的把握多于神态特征的捕捉，客观描写的准确性多于主观抒发的自由性。”“写实艺术与写意艺术之间最大的差异，在于写实艺术要求更高的科学性、技艺性。”“秦俑雕塑不可估量的巨大意义，在于它是写实人物雕塑一次巨大规模的有开创意义的伟大实践——集前人成果之大成而又神力一般地向前大大地推进一步的创造实践。”“取得这样成就的巨大写实雕塑群，现存的古代文物没有向我们提供第二个，这就难怪有人觉得秦俑空前绝后了。”[12]

（三）秦俑的主题思想

秦俑的主题思想是自兵马俑发现以来讨论最热烈、分歧意见最大的一个研究课题。关于各种不同的观点，张文立、李淑平、田静、王关成等在有关的文章中都曾作过归纳。现将王关成归纳的五种观点摘录如下：

其一、“强大向上”说。此说认为秦俑反映了“宣扬军威，显示秦政权的巩固和强大无比”，“表现了秦军战士积极向上的精神风貌”，“体现着新兴地主阶级武装力量的旺盛战斗精神”[13]。

其二、“沉郁阴冷”说。此说认为秦俑“集中地显示了秦代末世外强中干的虚幻的繁荣的强大，反映了秦军森严的等级制度和残酷的阶级压迫，体现了在水深火热之中劳动人民的怨恚、悲戚、失望和挣扎，基本上是一幅昏惨惨黄泉路近的景象，给人以沉郁阴冷的压抑感。这就是秦俑表现的主题思想”[14]。

其三、“大统一”说。该观点认为上述两种意见各执一端，“都有偏颇和简单化的倾向”，“秦俑坑的主题思想应当是统一国家的建立，是大一统反映”[15]。

其四、“尽忠竭诚，追思诵念”说。它认为“秦兵马俑雕塑群以写实的手法，以高人大马组成的大型军阵再现了当年秦军统一六国的磅礴气势；俑群采用‘静中寓动’的临事状态，表现了对秦始皇帝的尽忠竭诚；笼罩军阵的肃穆气氛表现了臣下对秦始皇帝功业的追思和诵念”[16]。

其五、“悲剧意识”说。它认为“秦俑所表现出来的深沉忧郁、冷峻严肃、无可奈何以及植根于秦人思想深处的悲剧意识，胜于雄辩地说明它的主题思想”[17]。

王关成列举了上述种种不同的观点后，进而分析了产生分歧的原因，指出“其根源在于客体（秦俑艺术）的丰富复杂性以及主体（研究者）认识的差异性”。分歧的焦点集中在对秦俑的时代和秦俑面部情态认识的不同。对于秦俑产生的时代，持强盛、大统一说者认为：秦王朝是新兴地主阶级刚登上历史舞台不久，是生气勃勃的，因而产生了“秦俑艺术形象中不畏强暴、自强、活泼的精神特征”。持“沉郁阴冷”、“悲剧意识”说者认为：秦王朝时是民不聊生，危机四伏，大厦将倾，因而表现在秦俑艺术上是沉郁阴冷，无可奈何。在对秦俑面部情态的认识上，王关成指出：由于研究者“人生阅历、生活体验、审美情趣，甚至包括面对秦俑群时一刹那间的心情等方面的差异”，而产生不同的认识，“这是自然的可喜的”。再者，由于秦俑“表情的总格调是含蓄、严谨、庄严而非坦率直露”，令人不易准确把握。“例如对深沉与愁苦，朴实与呆滞，沉思与忧虑，严肃与冷酷，威武与愤闷、谦恭与幽怨，冷峻与悲戚，平静与冷漠，恭顺与麻木，恭顺与恐惧，憨厚与无奈，自信与矜持等等”。“准确地说，个个陶俑的神态本身是确定的。因其表现得含蓄内向在观赏者的审美感受中产生了不确定性”。每一种观点都把“人们对秦俑的认识引向深入，都有其自身的认识价值”。“秦俑主题的研究不会鼎于一尊，也不必鼎于一尊。否则，秦俑将不成其为秦俑，而成了简洁明了的启蒙读物”[18]。

刘晓纯在《致广大与尽精微——秦俑艺术略论》一文中说：“古代艺术向我们展现的内容，包括作品的客观效果和作者的主观动机两个方面，两者既一致又不尽一致。历来对于古代艺术的研究，或侧重于效果，或侧重于动机。从而产生了两种不尽相同的解释。”“对秦俑，以往的研究文章大都着眼于效果，即我们从秦俑中理解和联想到的历史内容。有少数文章涉及到动机，可惜有时没有将动机与效果进行必要的区分，以致出现用现代人的观念解释古人动机的混乱现象。”

关于兵马俑的设计意图，刘先生认为“显示生前武功”、“保卫死后帝王”，是兵马俑设计意图的两个侧面，是整个陵墓“显示帝王权威”的建陵意图的局部反映。“保卫死后帝王”的实用意义，高于“显示生前武功”的象征意义。兵马俑设计意图的重心是“保卫死后帝王”。“显示帝王功业的意义，则完全从属于这一基本意图”。“与其说它是显示功业，毋宁说它是使军阵的规模与气魄与帝王的地位和业绩相称”。

刘先生在分析了秦始皇的旨趣和心理后指出：“在秦俑设计中，统治者热烈地抒发帝王胸怀的同时，并没有满足一种纯粹的精神象征；在对灵魂不死的迷狂中，并没有丧失清醒的理智；在对死亡的巨大神秘感中，并没有允许秦俑造型染上多少神秘气氛。秦俑所展现的，是实实在在的军阵，实实在在的兵马，实实在在的戎装和兵器。”这些因素都似乎“在极理智的设计下增强着整体的崇高感”。秦俑艺术是帝王与工匠合作的产物。工匠处于被动状态，个人的情绪会自觉不自觉地移入到对象身上，使秦俑的个体气势与总体气势出现不相称的现象。“正是由于帝王与工匠这种历史的、特定的、既一致又不一致的巨大创造力，才创造出秦俑特有的写实风格，才创造了秦俑那理性的、充满矛盾的、但又为其他任何雕塑所不能取代也不可能再重复的特有的崇高”[19]。

在阶级社会里，艺术作为上层建筑的意识形态，是从属于统治阶级的，是为统治者的利益服务的。贺西林先生说：秦俑“从内容上来说，它完全膺服于统治阶级的意志，因此在形式上则必须真实地反映统治阶级那种至高无上，‘上扼天穹，下压黎庶’，‘千古一帝’的浩然气魄。反映新兴地主阶级那种‘席卷天下，包举宇内；囊括四海，并吞八荒’的时代雄风以及具有旺盛战斗精神的秦军将士的军威。虽然有个别作品体现的‘是对上流必然崩溃的一曲无尽的挽歌’，但它不能代表整个秦俑写实主义艺术的基本特点”[20]。兵马俑作为秦始皇陵的陪葬物，其设计和制作是受传统的丧葬礼俗观念和秦始皇的旨趣与心理支配的。具体制作者工匠的意念只能或隐或显地曲折地有所反映，不能成为主流。秦俑的特点是大（形体高大）、多（八千件）、真（酷似实物）。其宏观效果是气势磅礴。这一点是多数观众共同的感受。至于各人对秦俑个体面部表情的欣赏、领悟是各不相同，以往如此，今后也是这样。这远比一览无余的艺术作品更耐人寻味。

（四）秦俑在中国雕塑艺术史上的地位

1. 秦俑的艺术渊源

以往人们对先秦时代的人体造型见得比较少，战国时代的一些墓内也出土过陶质、木质或金属质的俑，但都形体小，数量少，造型较粗疏。当秦俑发现后人们感到有点突然，不由得提出“怎么会突然出现这样精美的大型陶塑群像呢”？艺术史上没有毫无根源的突变，于是人们对其艺术渊源提出了各种不同的见解。归纳起来有外来说、土生土长说两种截然不同的意见。

（1）外来说。德国格尔曼·汉夫勒说：“临潼兵马俑以它的风格证明了这种‘洋为中用’的理论。它的风格就在于人物的各部位都进行了非常细微的技术处理，而这种风格正是追随了后期希腊艺术的发展趋势，古意大利伊特拉斯坎人的艺术作品与中国的陶俑特别接近。”“中国人很可能在伊特拉斯坎人中找到了他们的师傅。”他又说：“没有西方艺术就不可能有中国雕塑艺术的诞生。甚至没有亚历山大大帝的吸引，也就不会有秦始皇建立的帝国——中国。”“在统一的中国，雕塑艺术的诞生来源于与西方的交往，来源于亚历山大的智慧和光彩耀人的希腊艺术……中国艺术与欧洲仿古希腊古罗马艺术同根，均来源于希腊艺术。”[21]

邱紫华指出：“汉夫勒既无确实的依据，又缺乏具体细致准确的分析，就武断作出结论。这正表现出他思想中的‘欧洲中心论’和审美判断上的失误。”邱先生用大量篇幅分析了秦俑与希腊雕塑艺术的区别：在雕塑创作的艺术效果上，“希腊雕塑是追求美，秦俑则是追求意象化的真”。在造型上，希腊“把追求最佳人体比例和由此形成的和谐这一规则，贯彻到人体造型的各个部分上去”；秦俑的造型把“总体上的整齐一律，个体面目动态上的千变万化”，作为“统一的审美原则”。在写实的风格方面，“希腊雕塑则趋向于理想化、典型化，更追求普遍性的范式化”；秦俑则“趋向于意象化，营造者的主观寓意成分较强烈”。在色彩的使用方面，希望雕塑在公元前六世纪以后，就很少着色，逐渐以肌肤的质感、体形的光影来表达人体的生命力；中国艺术善于运用复杂而鲜艳的色彩，秦俑的彩绘是这一传统的体现。在人物面部神情的表现上，秦俑和罗马的雕塑品“只是审美追求上的相似，即注重人物面部的逼真”，但是“秦俑对人物面部的个性化、生动化追求是对中国人物造型传统的继承和发展，而不是学习希腊罗马技法风格的结果，更不是希腊罗马的西方画家雕塑家之类来中国进行的创造”。“秦俑是侧重于神，立意于神”，但走的是“以形写神”的道路。这是秦俑与“希腊罗马雕塑大相径庭之处”。从上可见，秦俑艺术不是来自古希腊罗马的艺术，“而是勤劳聪明的极富美感的中国人民独立自发创造出来的”[22]。

另外，有的人说：早在春秋、战国时期，“斯基泰的动物纹样装饰艺术通过鄂尔多斯高原已渗入到内地。西汉时，域外文化的影响是比较强烈的”。“比西汉早几十年的秦代艺术是否有外来文化的因素，还是值得深入研究的问题”[23]。王临乙认为中国雕塑“受外来影响，那是秦以后的事”[24]。

汉夫勒的观点是无根据的，尤其是说秦始皇受亚历山大思想的影响与旧的传统决裂，消灭六国，建立了秦王朝，并进行了一系列的改革，这种说法是完全错误的。至于秦俑艺术是否有外来文化因素的影响，这个问题尚可进一步探讨。

（2）土生土长说。张仃首先提出秦俑是中国土生土长的雕塑。这一看法已是中国学术界的共识，也得到世界绝大多数学者的认可。大家从不同的角度分析了其艺术渊源，归纳起来有如下几个方面：

在写实的艺术风格方面，“从新石器时代到春秋战国，写实主义一直是雕塑艺术的主旋律”。“秦俑这批活生生的写实主义艺术品，是此前几千年来写实主义发展、创新、提高的结晶。它积淀了蒙昧时代的感性及文明时代的理性，积淀着中华民族写实主义艺术的精华，表现为一种崇高的美、静穆的美”。“它是我国古代写实主义艺术达到成熟阶段的标准，是我国雕塑艺术史上的一个高峰”[25]。

在造型方面，秦俑躯干的塑造比较洗练、概括，仅求其形似，而对面部的刻画比较细腻传神。重视传神，着重人物面部表情刻画是中华民族艺术的传统。远在原始社会时已萌其端，春秋、战国时一些刻画人物心理的优秀作品很多。秦俑显然继承了这一传统。秦俑面部的造型体现了类型与个性的统一。后来民间雕塑家所概括的“八法”，即中国人所具有的八种基本面型，秦俑都有体现。这一造型规律是中国土生土长的。

台湾曾堉说“中国雕塑的传统是在立体与平面相互矛盾中，谋求统一”，“妙在似与不似之间”（齐白石语）。曾先生列举了从新石器时代到春秋战国以至秦期间大量的例证，来说明这一艺术规律[26]。邱紫华先生把这一造型方法称之为延迟模仿法，即根据观察感觉的记忆力，“抓住对象最本质、最鲜明的特征加以主观加工后的再现”，“既是写实的”，“又是表意的”。“中国和东方艺术继承了原始造型的延迟模仿的路子”，即“以观察、领悟、记忆、再现的途径创作”。“‘目识心记，以形写神’这种造型原则从先秦形成后，一直传承下来”。秦俑的这一特征表现得非常明显[27]。

在雕塑技术和技巧方面，从新石器时代开始逐渐发展和形成的我国传统的泥塑技法：塑、捏、堆、贴、刻、画，用以表现对象的体、量、形、神、色、质。绘塑结合以及烧制陶器的技术，在秦俑陶塑里都得到有机的配合和运用。“这种泥塑技巧的基本方法和民族特点，一直到今天还在我国民间泥塑艺术中流传”[28]。

另外，许多人还从微观的角度分析了秦俑艺术的具体来源。呼林贵说：“秦俑艺术有别于楚地风格，而是基本上继承了北方黄河流域的风格。”他进而指出：“它渊源于春秋战国时的秦人雕塑艺术。”他认为陕西铜川市的一批春秋战国秦墓出土的一批泥俑，其风格与技法和秦俑有许多相似之处，为“考察秦俑艺术渊源找到了重要的线索和依据”[29]。贺西林认为秦俑艺术，“首先是吸收了中原地区三晋两周文化”，“其次是对于楚文化的吸收”，“再就是对巴蜀文化及西北游牧文化的吸收”，“秦俑艺术是对各民族、各地区艺术的一个综合”[30]。

总而言之，秦俑艺术不是凭空产生，不是某些人杜撰出来，也不是来源于西方。它是建立在本民族传统艺术基础上的，是在当时特定的历史背景下特定的时代精神等因素的作用下产生的。它是土生土长的具有民族特质的中国雕塑艺术。

2. 秦俑艺术产生的社会条件

秦俑艺术的产生，除了继承和融合中华民族的雕塑艺术传统这个条件，还有它特定的历史条件和背景。有的人说：“如果说继承和融合是秦俑艺术产生的前提、基础的话，那么促使其从量变飞跃到质变，使其产生的根本动力则是时代精神。”这种时代精神包括人们的精神风貌以及统治阶级的思想意识。“当时的时代是新兴地主阶级勃勃生机的时代”。艺术必然要和时代相协调，“注入统治阶级的思想意识”[31]。秦始皇为了极力崇奉“千古一帝”的威严，对“大”达到狂热的崇尚。修筑万里长城，阿房宫覆压三百余里，铸的十二个铜人每个重千石（一石一百二十斤），修的陵墓高五十丈（115 米）。其气势追求“上扼天穹，下压黎庶”。因而八千件和真人、真马大小相似的兵马俑的出现，看似突然，实则是当时必然的产物。

再者，秦俑的产生还有它雄厚的物质基础。秦始皇消灭六国完成了统一的大业。由于统一促使全国物力、财力的集中。在这种雄厚的物质基础上，才有可能进行大规模的宫殿建筑和陵园建筑以及包括兵马俑、铜车马等各种陪葬物的制作。

国家的统一促使人力集中，集合了一批优秀的陶塑人才。从新石器时代到秦王朝数千年的岁月中，人们在制陶生产的实践中对陶器的成型、雕饰、烧造已积累丰富的经验。秦代砖瓦、陶器的形体之大、造型之准确、技艺之高，都超越前代。尤其是瓦当和空心砖上的动物纹图案，像奔鹿、子母鹿、双獾、飞鸟、蟠龙、立凤等，姿态优美，气韵生动，构图自然活泼。这说明秦代已有一批技艺较高的陶工，制陶工艺达到相当高的水平。秦俑的具体制作者正是这样一批经验丰富和有创造才能的陶工。他们对出身于社会下层的战士是熟悉的，感情是相通的，因而他们能够创作出丰富多姿的秦军艺术形象。

丰厚的中华民族的文化积淀和雕塑艺术传统，特定时代精神下的需求，充裕的物质基础以及一批技艺熟练的陶工，正是培育秦俑艺术之花的深厚土壤。秦俑制作者是从全国征调来的能工巧匠，打破了传统的父传子、师传徒的带有行会式封闭的艺术局限。各地区、各民族的传统雕塑技艺得到相互交流与融合，在技艺上也必然会产生新的升华和飞跃。秦俑艺术是在上述特定的历史背景和条件下产生的。

(五) 秦俑的作者

兵马俑是秦始皇陵的陪葬物，是秉承秦始皇的旨意由李斯等人设计的。但其具体制作者是一批名不见经传的陶工。在发掘和修复兵马俑的过程中，在陶俑身上的一些隐蔽处发现制作者陶工的名字，有印文和刻文两种。目前已发现八十七个不同的人名。这些都是技艺水平较高的工师。他们每人下面都带有一批助手和徒工。估计数百人乃至上千人参加了兵马俑的制作。集合如此多的人从事一项艺术创造，在中外雕塑艺术史上都是罕见的。

陶工的来源可分为两类：一是来源于中央官府的制陶作坊的陶工，如宫得、宫强、宫系、宫朝、宫颇、宫魏、宫臧、宫欬、宫穨等。宫，是宫司空的省称，是隶属宗正管辖下的主管水土及烧造砖瓦的官署机构名。在始皇陵园建筑遗址出土的砖瓦上亦发现许多带宫字的陶文，可为佐证。宫字下面的得、强、系、朝、颇……应是陶工名。二是来源于地方的市府制陶作坊或民间私营制陶作坊的陶工，如咸阳野、咸阳赐、咸阳笴、咸阳衣、咸阳午、咸阳秸、咸庆、咸路、咸敬、咸娆、咸行、咸处、栎阳重、临晋菲、安邑囗……这类陶文的特点是在人名前冠一地名（图四二）。

来源于中央和地方两类陶工的艺术风格有所差异，主要表现在以下几个方面：

(1) 在体型方面。来源于中央制陶作坊陶工的作品，共同的造型特征是身材魁伟，强壮有力，神态威武；来源于地方的陶工的作品，突出的体型特征是体型清秀，有曲线的韵律感，

图四二　陶俑身上的文字（一号坑）

身体有高有低、有胖有瘦和前一类的雄健、刚直形成鲜明对比。

(2) 在头部造型方面。中央陶工的作品多为圆头型，少数为长头型；地方陶工的作品有圆头型、长头型、瓠瓜型，还有后脑勺特大的异形头。在面型方面，中央陶工的作品多为方面庞、长方面庞、圆面庞，个别的为窄长面宠；地方陶工的作品有窄长的目字型、上宽下尖的甲字型、中宽上下窄的申字型、上窄下宽的由字型以及田字型、国字型等多种多样的面型。在发髻、发型方面，中央陶工作品的发髻比较规整，发丝用篦状的工具刮划得整齐不紊；地方陶工作品的发髻有高有低、有大有小，发型有篦纹形、瓜棱形、波浪形、螺旋形等，种类繁多，风格粗犷。

(3) 在人物气质的刻画方面。中央陶工的作品所显示的人物气质有的刚毅英武，有的性格深沉肃穆，有的神态雍容；地方陶工的作品神情多彩多姿，有的气度威武，有的性格憨厚，有的气度机敏，有的容颜不展……

(4) 在技艺方面。中央陶工的作品总的来说，技艺比较熟练，水平较高，造型准确，比例合适;地方陶工的作品水平不一,其中有许多优秀的好作品,也有的技艺较差,或比例不调,或神情呆板。在烧制技术方面,中央陶工的作品陶质纯,多为青灰色,火候匀,质地坚硬;地方陶工的作品烧制的水平参差不一,有少部分陶色不纯,个别的没有烧结,出现夹生现象。

两类陶工的作品在造型艺术风格上的一些差异，产生的原因是多方面的。秦俑的造型风格是写实的，秦俑的形象源于社会生活，代表时代精神。由于作者生活经历的不同，对生活体验的差异，加上表现能力的高低，这是造成艺术形象差异的重要原因。再者，先秦至秦王朝时的制陶业和其他手工业一样，技艺是师徒相传或父子相传，带有一定的行会性、保守性，技艺深受师承关系的影响。在同样的主题和相同的题材下，不同处境和不同师承关系的作者，会创作出不同风格的艺术形象。

中央陶工通过耳闻目睹，对驻守于宫廷内外卫士的形象比较熟悉，自然会以他们作为原形，因而其所塑造的形象就会像守卫宫阙的卫士一样，立如铁塔，气度昂扬。地方陶工来源于民间，他们所接触的是各种不同形体、不同面容、不同性格的人物形象。秦王朝军队的主要成分是农民，民间陶工对他们的形象非常熟悉，感情上也是相通的，自然会摄取来作为制造秦俑的原形。也就是说民间陶工较中央陶工摄取的人物形象更广阔，更富有社会性。

中央陶工都来源于中央官府制陶作坊。他们彼此经常在一起从事生产劳动，在技艺上互相学习、相互影响，自然会形成相同或相似的造型风格和艺术技巧。民间陶工来源于各个不同的地区，有着不同的师承关系，因而风格各异。

中央陶工来源于中央官府手工业。官府手工业有一套严密的管理和监督检查制度，自然形成了严谨的作风以及比较熟练的制陶技艺。民间陶工相对来说受到的约束较松弛，作风自然不会那么拘谨。这就造成了中央陶工的作品近乎一丝不苟，民间陶工的作品显得清新活泼，程式化的成分较少。

上面分析的是两类陶工之间造型风格上的一些差异。而每一类陶工的各个人之间的造型风格和技法也互有歧异，甚至远远一望就可以分辨出那件俑是那个人的作品。由于秦俑的制作者人数众多，各人的造型风格和技艺不同，俑头仅用模控制大型，而细部是一件件的手工雕刻，俑的原形摄取于真实的秦代军队，这是造成秦俑的形象丰富多姿的主要原因。

陶工制作兵马俑，是奉命制作，而不是自由创作。他们要严格按照设计者的要求，要体现秦始皇的旨趣和心理。统治者设计蓝图上的各项规定和要求，就是皇帝的命令，具有法律的效力，不可违抗。陶工就是在这样一个狭窄的天地里制作。因而其作品必然在求真上下功夫，即“模拟现实的写生性多于艺术典型的创造性”。

秦俑是艺术，艺术形象就有再创造的过程。统治者对陶俑、陶马的种类、数量、大小、装饰、队形的编列及总的设计思想等可以作出具体的规定，但是，对每件俑的神情、性格无法作出详细的规定。这就给陶工留下了思想驰骋而进行艺术再创造的空间。陶工出身于社会底层，其思想情趣要受时代的制约。他们对“勇于公战”的秦军士兵是熟悉的、感情是相通的；另一方面严酷的刑法、繁重的徭役，给人民带来的灾难，陶工对此是不满的。这两方面都应该看到，忽视任何一面都是片面的。在这种情况下制作的陶俑形象必然是多彩多姿的。有少数俑神情不悦或者漠然无情，是陶工另一方面心态的反映。

陶俑、陶马身上出现陶工的名字，是秦代“物勒工名”制度的反映，是统治者便于检查其制作质量的需要。出乎当时人们想像之外的却是在中国雕塑史上留下了一批艺术匠师的姓名。他们是秦俑艺术的真正创造者[32]。

注　　释

[1]　李亚东《秦俑彩绘颜料及秦代颜料史考》，《考古与文物》1983年第3期。

[2]　张志军《秦始皇陵兵马俑文物保护研究》62页，陕西人民教育出版社1998

年版。
[3] 刘晓纯《致广大与尽精微——秦俑艺术略论》,《美术史论》1982 年第 2 期。
[4] 《中国历代雕塑·秦始皇陵俑塑群》中《美术家笔谈秦俑》一节,陕西人民美术出版社 1983 年版。
[5] 同 [4]。
[6] 同 [3]。
[7] 同 [3]。
[8] 陈英德《中国写实雕塑的成就——秦陶俑》,台湾《雄狮美术》1981 年第 11 期。
[9] 同 [3]。
[10] 同 [4]。
[11] 同 [3]。
[12] 同 [3]。
[13] 闻枚言、秦中行《秦俑艺术》,《文物》1975 年第 11 期;袁仲一《秦俑艺术初探》,《西北大学学报》(社科版) 1980 年第 2 期。
[14] 张文立、吴晓丛《秦俑主题思想试探》,《陕西省文博考古科研成果汇报会论文集》1981 年。《主题·意志·逆反心理——再论秦俑的主题思想》,《文博》1987 年第 1 期。
[15] 林剑鸣《秦俑主题何处觅——秦俑之谜二》,《文博》1986 年第 2 期。
[16] 聂新民《也谈秦兵马俑主题》,《文博》1986 年第 5 期。
[17] 田静《秦俑雕塑与秦人的悲剧意识》,《文博》1990 年第 5 期。
[18] 王关成《论秦俑主题的多义性》,《秦文化论丛》第二辑,西北大学出版社 1993 年版。
[19] 同 [3]。
[20] 贺西林《继承、融合和时代精神的结晶——兼谈秦俑写实主义艺术渊源》,《文博》1987 年第 1 期。
[21] 德国格尔曼·汉夫勒著,侯改芩、申娟译《中国雕塑艺术的诞生——临潼兵马俑观感》,《秦陵秦俑研究动态》1991 年第 1 期。
[22] 邱紫华《秦俑是中国先秦审美文化的结晶——兼对"欧洲文化中心论"的批判》,《文艺研究》1994 年第 3 期。
[23] 贺西林《秦俑艺术研究——探索方法的意识》,《文博》1994 年第 6 期。
[24] 同 [4]。
[25] 同 [20]。

［26］曾堉《秦俑——兼论中国雕塑传统》，台湾《故宫文物月刊》1983 年第 6 期。

［27］同［22］。

［28］闻枚言、秦中行《秦俑艺术》，《文物》1975 年第 11 期。

［29］［30］［31］呼林贵《秦俑艺术的流派及渊源》，《文博》1985 年第 1 期。

［32］本节主要根据袁仲一《秦陵兵马俑的作者》一文改写，《文博》1986 年第 4 期。

六　秦俑的服饰

（一）秦俑的甲衣

秦俑身上的甲衣是用浅浮雕的技法雕刻而成的，形象逼真，酷似实物，为研究秦军的甲衣提供了珍贵的资料。秦俑的甲衣因身份地位的高低不同及兵种不同，可分为六类。每类中由于甲衣的形制不同，又可分为若干型[1]。

1. 高级军吏俑的甲衣

一、二号俑坑已出土身穿铠甲的高级军吏俑六件。其甲衣依形制的不同，可分为两型：

Ⅰ型甲：由前身和后身两片甲组成，双肩无披膊（即肩甲）。前身甲较长，下摆呈等腰三角形，下缘及于腹下，四周有宽约 6 厘米的彩绘边缘。前身甲分为上旅和下旅两部分。上旅的上部似为整片皮革做成，下部嵌缀细小的甲片；下旅呈等腰三角形，由方形、长方形及不规则形细小甲片组成。背甲较短，仅及腰际，下缘平齐，周围有彩色的边缘。背甲亦分为上旅和下旅。上旅的上部似为整片皮甲，下部缀有细小甲片；下旅呈横长方形，由小甲片编缀组成。

前后两片甲联成一体，开合口在右侧，在右上侧肩与胸的交接处有纽扣扣结。整体共有甲片二百五十片。通体彩绘，前胸、后背及双肩缀有花结（图四三）。

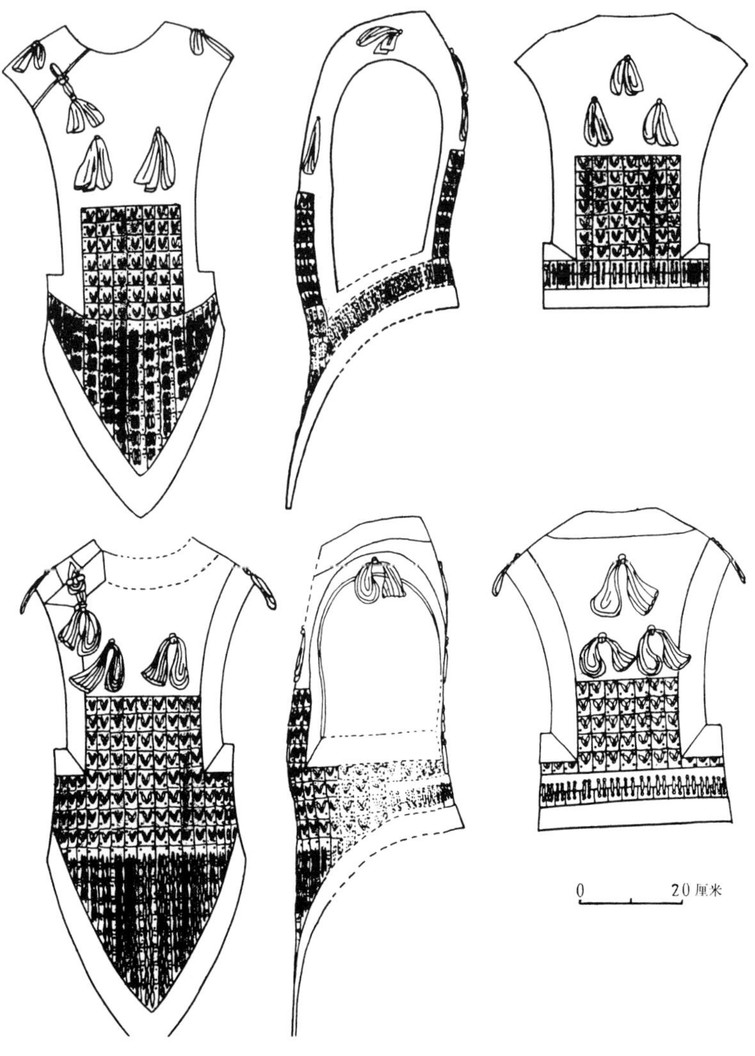

图四三　高级军吏俑铠甲（Ⅰ型）

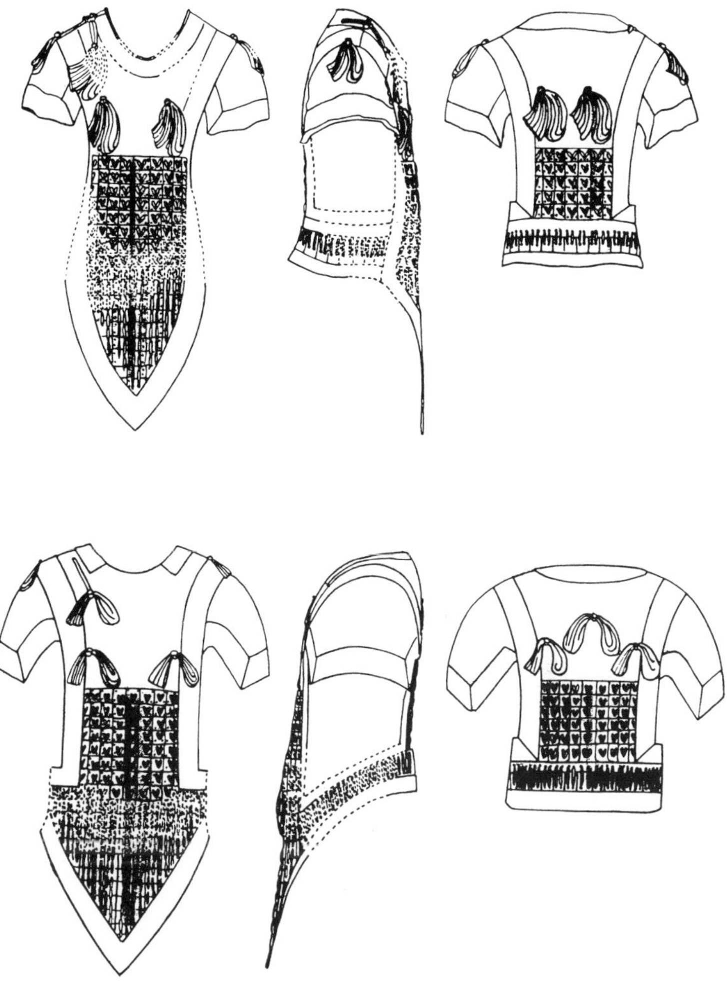

图四四　高级军吏俑铠甲（Ⅱ型）

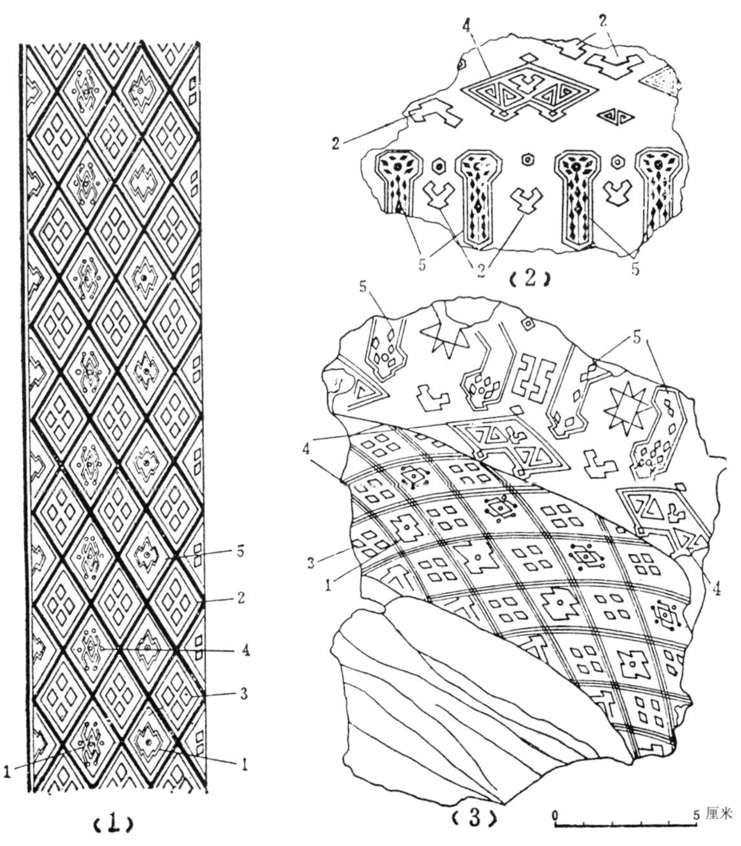

图四五　高级军吏俑铠甲上的花纹

(1) T4∶1 铠甲边饰　(2) T4∶1 铠甲胸部花纹　(3) T9∶1 背甲领下花纹

(1. 朱红　2. 黄　3. 白　4. 紫　5. 绿)

Ⅱ型甲：与Ⅰ型甲的主要区别是双肩有披膊，其余形制相同。披膊呈覆瓦形，用整块皮革做成，镶着彩色边缘（图四四）。

以上两型甲，学术界多数人认为没嵌甲片部分为整块皮革；甲片较小，似为铁质；前胸、后背及双肩的花结，可能是用以连接甲下的护板，带头的花结又具有装饰作用。通体彩绘，并有精美的图案花纹，可称之为彩色鱼鳞甲（图四五）。

2. 中级军吏俑的甲衣

一、二、三号俑坑出土的中级军吏俑身上的铠甲，可分为前胸甲（或名前搭甲）、筒形甲两种不同的类型。

Ⅰ型甲：为前胸甲，只有前身的护甲，没有后身的背甲及披膊，用背带固着于身上。甲衣的四周有彩色边缘，下摆呈圆弧形，领部呈反弧形。有甲片十一排，即上旅八排，下旅三排。共有甲片五十七片。甲片为褐黑色，联甲组为朱红色。双

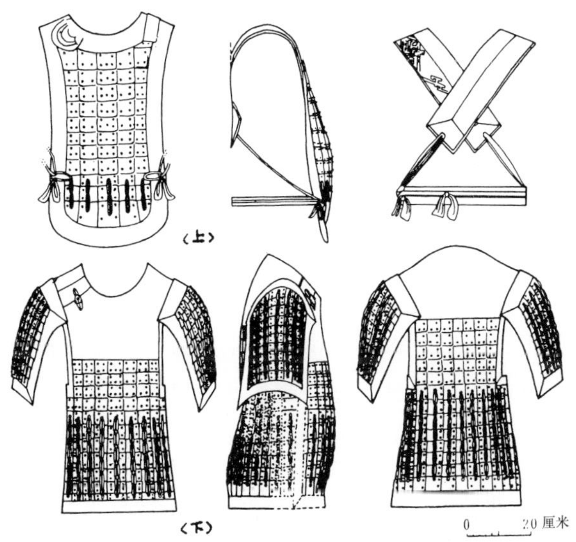

四六 中级军吏俑铠甲（上Ⅰ型、下Ⅱ型）

肩部位各连接一条背带，两条背带在背后交叉，带的末端有窄长条细带分别前引系结于甲衣下裙两侧的环纽上。背带上绘着精致的彩色图案花纹。甲片较大，似为皮质。

Ⅱ型甲：为筒形甲，由前身甲、背甲和披膊三部分组成。前后两片甲的长度相等，下摆平齐。两片甲的上旅的上部为整块皮革，未嵌缀甲片，下部缀有甲片五排；下旅部分由六排或八排甲片组成。双肩的披膊呈覆瓦形，由甲片十排或十一排组成。甲的开合口在右侧，有纽形扣扣结。全身甲片有的为三百七十五片，有的为四百零九片。甲片为褐黑色，联甲组为朱红色，前后胸及边缘上绘有彩色图案花纹。甲片似为皮质，少数人认为可能是铁质（图四六）。

3. 下级军吏俑的甲衣

下级军吏俑的甲衣由前身甲、背甲和披膊三部分组成。前身甲较背甲略长，下摆均呈圆弧形。前身甲有甲片十一排，即上旅七排，下旅四排；背甲亦有甲片十一排，上旅八排，下旅三排；披膊有甲片四排。全身共有甲片少者一百九十五片，多者二百二十九片。甲片为褐黑色，联甲组为朱红色。甲片较大，似为皮甲。甲衣的开合口在右侧。

4. 御手俑的甲衣

御手俑的铠甲分为如下两型：

Ⅰ型甲：双肩无披膊，由前身甲和背甲两部分组成。甲衣的形制与下级军吏俑身甲的形制相同。全身有甲片一百九十七片。甲的开合口在右侧，有纽形扣扣接。甲片为褐黑色，联甲组为朱红色。质地似为皮甲。

Ⅱ型甲：由前身甲、背甲、披膊、护手甲及盆领（即颈甲）等五部分组成，全身共有甲片三百二十七片。此型甲的主

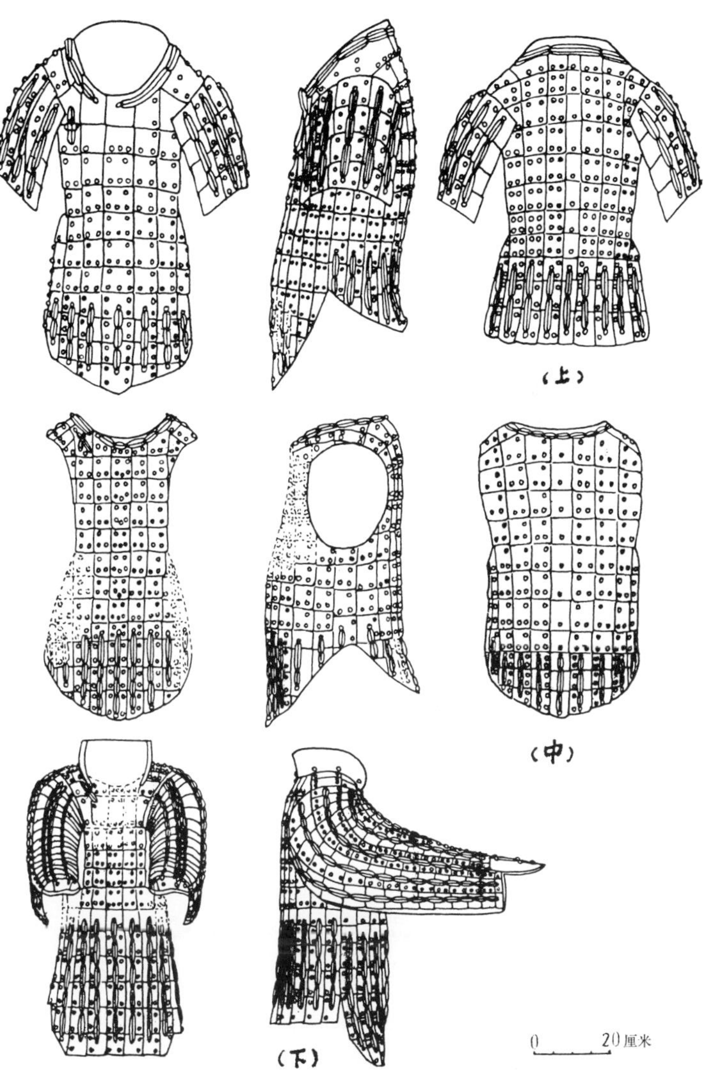

图四七　下级军吏俑及御手俑铠甲

(上) 下级军吏俑铠甲　(中) 御手俑铠甲(Ⅰ型)　(下) 御手俑铠甲(Ⅱ型)

要特征是披膊特长，并有盆领及护手甲。披膊呈覆瓦形，由十六排甲片组成，每排有甲片五片。护手甲亦呈覆瓦形，由三块甲片组成，其大小正好把双手罩住。盆领围颈一周，前侧敞口，由三块弧状的甲片组成。身甲的开合口设于右侧，有纽扣扣结。质地似为皮甲（图四七）。

5. 骑兵俑的甲衣

骑兵俑铠甲的形状呈筒形，甲身较短，下裙仅到腰际，双肩无披膊，比较轻便，利于骑射。前身甲较背甲略长，下裙的底边呈圆弧形；背甲下裙的底边平齐。前后身甲各有甲片八排，即上旅五排，下旅三排。全身共有甲片一百二十五片。甲的开合口在右侧，有纽扣扣接。似为皮甲。

6. 步兵俑的甲衣

此为步兵一般士卒的甲衣。由于士兵俑的高低、胖瘦不同，因而甲衣的大小、长短各有差异。甲衣的形制基本相同，都由前身甲、背甲及披膊三部分组成。前后身甲下裙的底边均呈圆弧形。前身部分有甲片八排，即上旅五排，下旅三排；背甲有甲片七排，上旅五排，下旅二排；披膊呈覆瓦形，由四排甲片组成。全身共有甲片少者一百一十九片，多者达一百四十七片。似为皮质铠甲（图四八）。

7. 铠甲甲片的联缀方法

上面介绍的六类、九型铠甲，甲片的联缀方法基本相同。其甲片的叠压方法是前身甲和背甲两部分的上旅（腰以上）的甲片是上片压下片；下旅（腰及腰下）的甲片是下片压上片。横向组合方法，前身甲是以中间的一块甲片为中心，向两侧的甲片依次叠压；背甲部分则相反，由两侧向中心的甲片依次叠压。披膊部分的甲片是下片压上片，横向则是以中间的甲片为

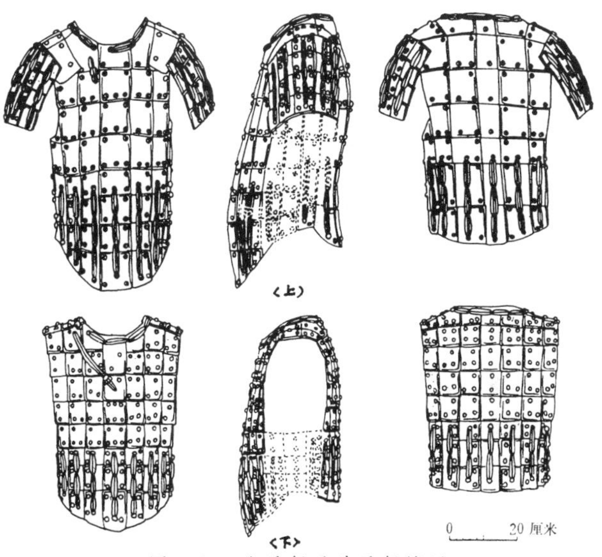

图四八　步兵俑及骑兵俑铠甲

(上) 步兵俑铠甲　(下) 骑兵俑铠甲(Ⅱ型)

中心，依次向两侧叠压。甲片的这种叠压组合方法，便于弯腰、挺腹、抬臂。

联缀甲片用的是线组，在甲衣的表面可以清晰地看到线组联缀后留下的针脚。高级军吏俑甲衣，上旅部分的针脚呈“V”形、下旅呈“Ⅱ”形的四方连续的图案。其余各类甲衣，上旅部分的针脚呈“钉帽”形，下旅及披膊上的针脚呈“钉帽”兼竖条带形。这是因为下旅及披膊部分的甲片活动频率较高，用以增强拉力和巩固性能[2]。

1998 年秦始皇陵园的另一陪葬坑内出土了一批石铠甲，是由青石片用铜丝联缀而成[3]。石甲片的叠压关系及联缀方法与秦俑坑陶俑身上铠甲完全相同，说明陶俑身上的铠甲逼真地模拟实物。

8. 秦俑铠甲所反映的几个问题

第一，秦代的甲衣是分等级的。高级、中级、低级军吏俑及一般士兵俑的甲衣各不相同。标识明显，远远望去便知其身份高低。这一点在文献上不见记载，已往的考古资料也未发现过。秦俑这套较完整的不同等级形制的甲衣，使人们增添了新知识。

第二，不同的兵种有着不同的甲衣。骑兵俑、步兵俑及战车上的御手俑的甲衣各不相同。指挥车上的御手与一般士兵乘的战车上御手的铠甲也有区别。指挥车上御手的甲衣无披膊，一般战车上御手的甲衣披膊长及手腕，并有护手甲和盆领。这可能是因为一般战车要冲锋陷阵，一旦御手受伤会使车偏倒，造成军阵紊乱，导致全军失败，所以防护要好。指挥车一般有前后、左右护卫行列，且御手除驾御车马外，特殊情况下要代指挥员掌握金、鼓，所以防护较轻，以使臂、手更灵便些。

第三，铠甲的质地，除高级军吏俑的铠甲可能是铁甲外，其余均为皮甲。由此可见，皮甲是秦军装备的主流。直至汉代铁甲才占据主要地位，皮甲退居次要地位。秦俑身上所显示的皮甲和前代皮甲相比，甲片趋于小型化，而秦以前的甲片较大。其甲片的叠压方法较曾侯乙墓皮甲甲片的叠压方法更科学。后者一律是上片压下去，横向由两侧向中间叠压，这样活动性能差。秦皮甲的制作已发展到了更完善的地步。

（二）秦俑的上衣与下衣

1. 秦俑的上衣

一、二号俑坑出土的武士俑身上所显示的上衣分为外衣和内衣两类，外衣又有长襦和褶服的区别。

（1）长襦。除骑兵俑和少数中级军吏俑外，其余的武士俑均身穿长襦。长襦的基本特征是交领右衽，窄袖口，双襟宽大，几乎把身体包裹两周，长度达到膝盖或膝下。领、襟、袖口都镶彩色边缘，腰束革带。长襦，秦汉时又名褐衣，或简称曰褐，本是未成年的男子及一般下层劳动者和小吏的服装。因为这种衣服比较短，袖口窄，便于行动和劳作。秦军要行军和打仗，所以俑坑内出土的武士俑（包括各级军吏俑）基本上都穿长襦。秦始皇陵出土的两乘铜车上的御官俑、马厩坑出土的圉人俑、珍禽异兽坑出土的圄人俑等都身穿长襦，可见秦王朝时长襦已成为一般人及官吏的常服。长襦有单、复之分。俑的上衣较厚重，可能为复襦。

（2）褶服。二号俑坑出土的骑兵俑一律身穿褶服。此种衣服的主要特征是交袖右衽，窄袖管，双襟交互掩于胸前，左压右，左襟的襟边垂直于胸的右侧，衣长齐膝，腰束革带，领、襟、袖口镶彩色边缘。此式衣与长襦的主要区别是：双襟较长襦小，双襟交掩后形成在胸的右侧开口，举足抬腿跨马比较方便。这种服装古名“胡服”，是随着骑兵的发展而在中原地区出现的一种新服。公元前 297 年赵武灵王改革服制，令国人穿“胡服”、习“骑射”，即是此种服装。

（3）中衣和内衣。秦俑坑内武士俑的内衣因被外衣掩盖，仅能看到领部，为小圆领，紧束脖颈。领的开口有两种形式：一是在颈后左右两片互相掩压，像是在背后扣结的贴身圆领衫。二是在颈的左右两侧各有一叉口，口部有的用条带扎结，衣的长度及具体形制不明。内衣，古名小衣，又名汗衣、鄙袒等，仅覆盖胸背。秦俑坑的武士俑多数不见中衣，只有高级军吏俑在内外衣之间有中衣。中衣较外衣略长，从襟边观察其形制与外衣相同，亦为交领右衽，双襟宽大，把身体包裹约近两周。

（4）壅颈。秦俑坑内武士俑的服装，在内衣领和外衣领之间有一粗壮高大的围领，亦为交领，壅住脖颈，把颈全部含于围领内。它和内外衣均不连属，类似今人的围巾，用以挡风御寒，战时又可以用以防箭矢。从殷周至秦汉时期的一些人物雕塑形象，多发现有类似的围领，隋唐及其以后罕见。

2. 秦俑的下衣

秦俑的下身均穿裤，有长裤及短裤两种。长裤见于高级和中级军吏俑以及骑兵俑身上。长裤的裤管长至足腕，上部联裆。裤脚紧束足腕，似用紧口带束扎。质地厚重，好象装有绵絮，当为复裤。秦俑坑出土的步兵俑及车兵基本上都穿短裤。裤管只能盖住膝部，上部联裆。

春秋以前的人们只有类似围裙的衣裳障蔽下体。裤之制后起，最早见于《左传·昭公二十五年》。其文曰："公在乾侯征褰与襦。"《说文·衣部》曰："褰，绔也。"《释名》曰："绔，跨也，两股各跨别也。"即不联裆的套裤，又名胫衣。古人服裳衣和不联裆的胫裤，乘车尚可，骑马则不便。联裆裤的出现与骑乘的兴起有关。为便于骑马习射，改上衣为褶服，改下衣为联裆裤（古名裈）。联裆裤的出现似始于战国时期。秦俑坑出土的武士俑中的骑兵俑、步兵俑、车兵俑等都着联裆裤，始皇陵园出土的铜御官俑、陶圉人俑等也着联裆裤，说明当时已成为秦人的常服，并为后代继承。

3. 行縢与护腿

（1）行縢。秦俑坑出土的轻装步兵俑及少部分身穿铠甲的重装步兵俑，胫部都扎着行縢，俗名裹腿。其形状像是用条带形布帛由足腕向上螺旋形缠扎至膝下，上端以组带束扎，形状和近现代军队中战士包扎的裹腿完全相同。

裹腿，周时名曰邪幅。《诗·小雅·采菽》曰：“邪幅在下。”战国时名縢。《战国策》曰：“赢縢履蹻”，意思是说扎上裹腿，穿上麻鞋。到汉代始见行縢一名。《汉官仪》曰：“鼓吏赤帻行縢。”秦汉距离很近，汉的称谓可能沿袭于秦，故秦俑的裹腿可定名为行縢。

(2) 护腿。秦俑坑出土的铠甲步兵俑及车兵的胫部大都套有护腿。护腿呈圆筒形，下自足腕上至膝下。下端紧束住足腕，好像是用紧口带束扎。质地厚重，里面似包裹了绵絮，可防箭镞、戈矛等兵器的伤害，是护体的防护装备。

护腿古名曰“絮衣”。《汉书·爰盎晁错传》记载晁错讲兵事：“可赐之坚甲絮衣，劲弓利矢。”坚甲是用以防护上身，絮衣用以防护下身，故二者连称。絮衣的形制如何以往不明，秦俑的出土为其提供了实物例证。也有的人认为，此护腿即古之“跗注”，为皮质[4]。可为一说，以备研究者参考。

(3) 腰带及带钩。秦武士俑的腰际都有浅浮雕的腰带，形象逼真。带上有刻画或描绘的双钩对角三角纹或菱花纹，涂黑褐色，质地硬直，当为革带。带首上有带钩。带钩的形状丰富多姿，有双夔盘结形、单夔盘结形、勇士持矛奋刺形、飞鸟形、铲形、斧形、棒形、琴形、琵琶形……

（三）秦俑的发髻及冠履

1. 发髻

秦俑的发型多种多样，头上有的绾圆髻，有的绾扁髻。

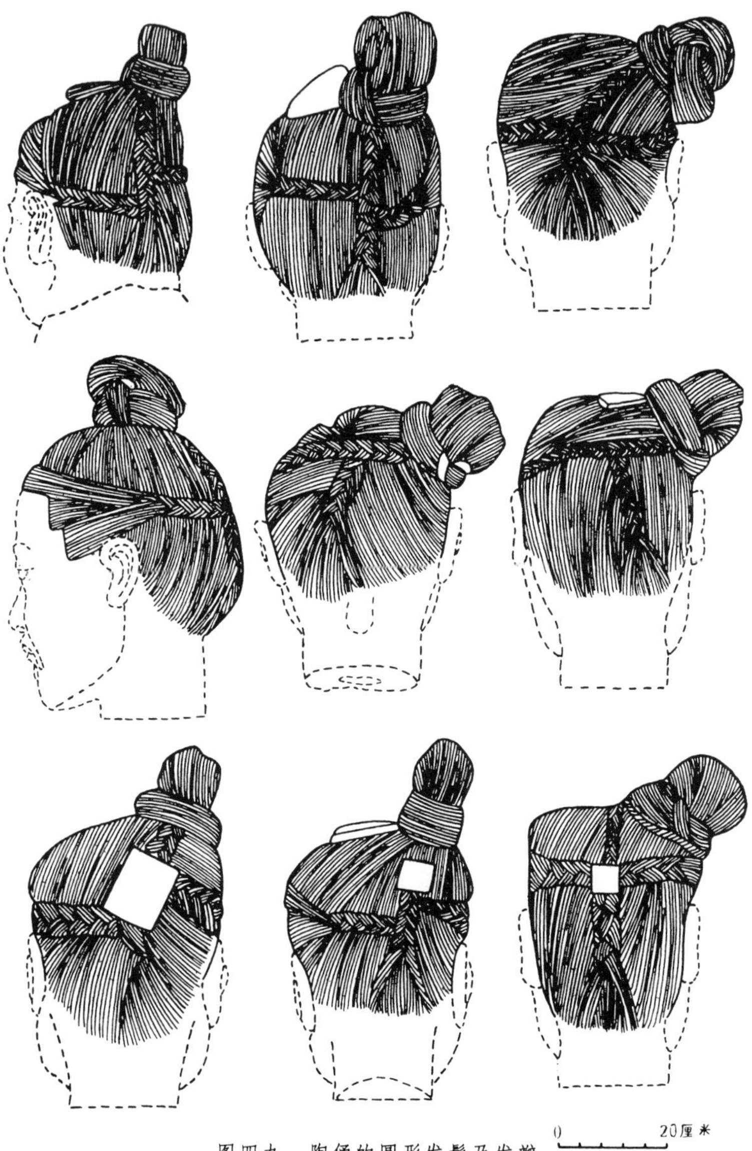

图四九　陶俑的圆形发髻及发辫

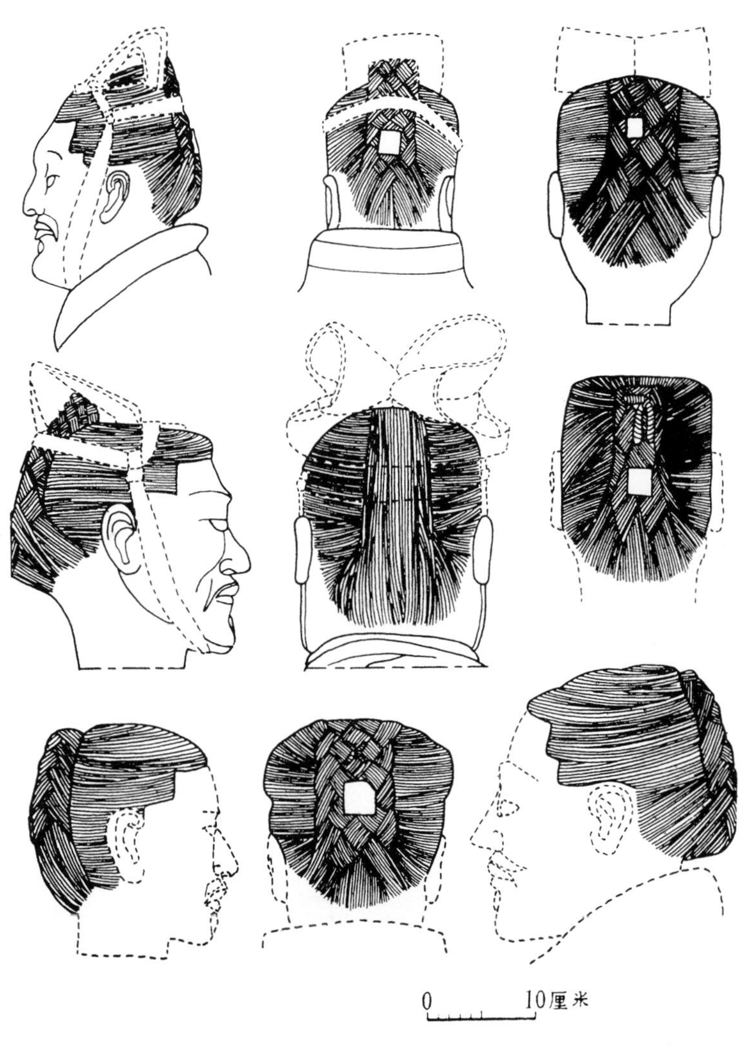

图五〇　陶俑的扁髻

圆髻和扁髻又有各种不同的形状，发辫也是各式各样，真实地反映了秦人的生活。

（1）圆髻。秦俑坑的步兵俑及部分铠甲俑在头顶的右侧都绾着圆丘形发髻，并有三根发辫互相交叉盘束于后脑。发髻上扎着红色的发绳和发带，发带的带尾飘散于顶前。

圆髻的绾结方法：将头发梳理后，先将双鬓及后脑根部的部分头发各编成一根三股小辫；其次将余发及后脑的小辫聚拢于头顶右侧，用红色发绳从根部束扎；再将发绾结成圆髻，并用朱红色发带束扎；最后将双鬓的两根小辫后引拴结于后脑的发辫上，交接处用白色发卡固着。圆髻的形状有单台髻、双台髻、三台髻的区别，绾法各不相同。三根发辫的盘结形式有十字形、大字形、卜字形、一字形、枝桠形、丁字形……，既美观，又起束发作用（图四九）。

（2）扁髻。秦俑坑出土的军吏俑、骑兵俑、御手俑及大部分铠甲步兵俑，都在脑后绾结扁髻。扁髻的形状有六股宽辫形及束发形两种。宽辫形扁髻是把头发梳理后全部拢合于脑后，编成六股宽辫；再将辫折叠成长方板状反贴脑后，上端与头顶平齐；最后用带绳的白色发卡固结以防散脱。也有的将宽辫末端的余发不藏于扁髻下，而另绾成小圆髻位于扁髻顶端，圆髻内贯笄。扁髻上无小圆髻者一律不戴冠；有小圆髻者一般都戴长冠，小圆髻藏于冠内。束发形扁髻是把全部头发拢合于脑后，不编成六股宽辫，而直接将发上折反贴脑后，高度与头顶平齐；再将多余的发绾成圆形小髻，髻内贯笄。绾此髻者均为头戴鹖冠的高级军吏俑，小圆髻罩于冠内，冠上连一三角形巾将扁髻的上部束裹，使其固着于后脑（图五〇）。

睡虎地秦简《法律答问》记载：“士五（伍）甲斗，拔剑伐，斩人发结（髻），可（何）论？当完为城旦。”由此可见，秦人对发的重视。秦俑头上的圆形发髻位于头顶的右侧，是因秦人以右为尚习俗的反映。绾圆髻者头上一律不戴冠、不戴盔、属于轻装。绾扁髻者头上多戴冠，未戴冠者是为了便于戴头盔，属于重装。这说明绾两种发髻的用意各不相同，并非各随所好的任意行为。秦始皇陵园出土的跽坐俑，身份为仆役，是在脑后绾结圆形发髻。此与兵马俑坑出土俑的发髻不同，可见秦代发髻的类型是多种多样。

2. 冠、帻

（1）皮弁。秦俑坑的骑兵俑头戴圆形小冠。冠的形状如覆钵，圆顶，两侧各有一长耳，耳的下端各有一窄长带，两带的末端扣结于颔下。冠上用朱红色绘着一组组的梅花纹样，布满全冠。质地硬直似为皮质。

《后汉书·舆服志》说：皮弁“制如覆杯”，“以鹿皮为之”。秦骑兵俑的小冠与之契合，可称之为皮弁。陕西咸阳杨家湾西汉大墓陪葬坑出土的骑兵俑群，头上戴的冠与秦骑兵俑相同。皮弁轻巧，罩住顶发，又有带扣结颔下，人骑在马上飞驰时冠不易被风吹落。目前学术界对皮弁的认识是众说纷纭，秦俑坑皮弁的形制可为这一研究提供新的实物资料。

（2）长冠。秦俑坑出土的中下级军吏俑、御手俑及部分车右俑都头戴长冠。冠的形状如梯形板状，前段平直，后段扬起，末端下折形成楔槽形冠室。冠上有带，带的末端系结颔下。中级军吏俑的长冠，冠板的中部有一纵行缝，是由左右两片联成，暂名为双板长冠以便与下级军吏俑及其他俑的单板长冠相区别。冠为褐黑色，冠带为橘红色。冠板硬直，似为合革或多层漆布折叠而成。

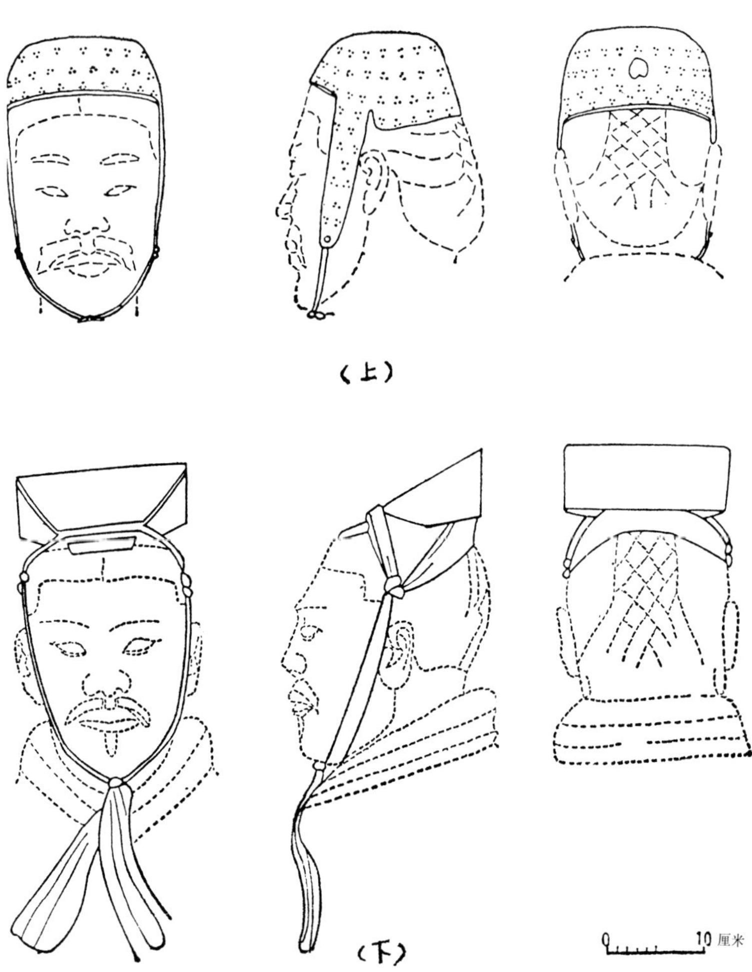

图五一 皮弁及长冠

（上）皮弁 （下）长冠

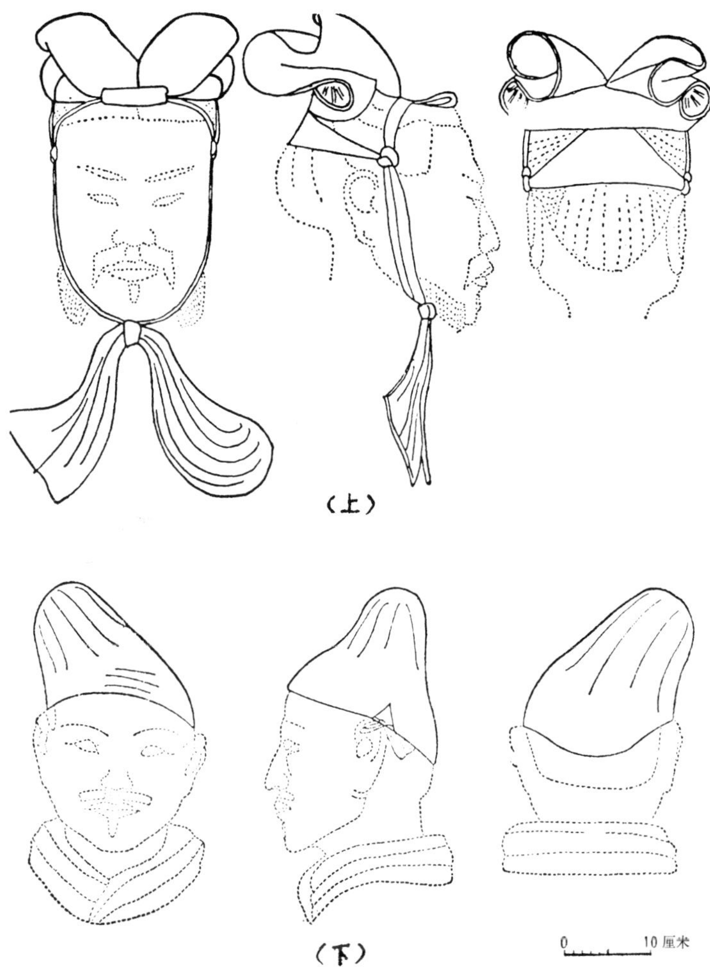

图五二　鹖冠及介帻

（上）鹖冠　（下）介帻

长冠因形似鹊尾，当时群众俗称为鹊尾冠。长冠本是楚国的一种冠制，秦袭之于楚，用以作为有一定爵位的中下级官吏使用（图五一）。

（3）鹖冠。秦俑坑的高级军吏俑以及始皇陵园出土的铜车上的御官俑都戴此种冠。冠的形状，其前半部如方形板状，后半部分为两支扭曲旋转成双卷的雉尾形。卷尾的下部联一凹形长槽成为冠室。冠上有带，带尾系结颔下。冠为褐黑色，带尾为橘红色。冠的质地硬直，似为合革或多层漆布作成。

此形冠为考古史上首次发现。这种冠始于战国赵武灵王时，本为武冠。《汉官仪》说："秦破赵，以其冠赐侍中。"实物证明秦时不但侍中，秦军的高级军吏亦戴此冠。

（4）帻。秦俑坑出土的一部分铠甲俑都于头顶的右侧绾着圆形发髻，戴着圆锥形的尖顶软帽。软帽的形状，下部如同覆钵，顶部有一圆锥，发髻罩于锥体内，帽的下沿至发际，将发髻和头发全部罩于帽内。帽的后边或左右两边的一边有一叉口，叉口处有条带束扎。帽多为红色，个别的为白色或黑色，质地轻软，似为布帛制成。

此软帽，古名帻。蔡邕《独断》曰："帻者，古之卑贱执事不冠者之所服也。"西汉元帝后戴冠者亦服之，成为群臣的常服。帻是由先秦时束发的环形带（古名頍）发展演变而来，到汉代时有的加耳、加颜题，形式多种多样（图五二）。

3．履、靴

（1）履。秦俑坑内的武士俑大部分都穿履。履为薄底、浅帮，后高前低，方口，整体略呈舟形。根据履头的变化可分为三式：一是方口齐头履，二是方口圆头履，三是方口翘尖履。履帮上有条形带系结于足腕。履的颜色多为褐黑色，口缘为朱红色、粉紫色或粉绿色，履带为橘红色或粉紫色。履的质地似为麻布。

二号俑坑出土的跪射俑的履底背面有一行行整齐的圆圈形针脚纹样,足前、后掌部位纹样稠密,中部纹样稀疏,极似实物。睡虎地秦简《封诊式》“穴盗”条记载:“外壤秦綦履迹四所,袤尺二寸。其前稠綦袤四寸,其中央稀者五寸,其䠊(踵)稠者三寸。其履綦类故履。”“綦”即履底上的针脚纹样。跪射俑履底的纹样与之完全相同。《封诊式》“贼死”条记有“秦綦履一两(即双)”。由此可知,秦俑足上的履当称之为“秦綦履”。

(2) 靴。二号俑坑的骑兵俑足上一律穿靴，一号坑的部分铠甲俑足上穿靴。靴的形状为薄底、深靿、单梁、圆头、短筒。靴的后跟及贴着足腕的左右两侧各有一个纽鼻，以组带贯穿纽鼻绕足腕两匝系结于腕前。靴短筒或后侧、或前侧、或在内侧有一开合口，以便穿脱。秦俑的靴多为枣红色，少数为赭黑色或粉绿色。靴带为橘红色、粉紫色或粉绿色。靴的质地硬直，当为革靴。

(四) 秦俑服装的颜色

1. 各类不同俑的服色

根据一、二、三号俑坑出土的各种武士俑身上存留的颜色残迹以及近年来出土的几件颜色保存比较完整的彩绘俑，人们大体可以了解各类俑原来的服装色彩[5]。

高级军吏俑的服色：二号坑 T4 试掘方的一高级军吏俑，身穿双重长襦，外重为深紫色，内重为朱红色。下穿粉绿色长裤。头戴褐黑色冠。外穿彩色鱼鳞甲，甲上有精美的图案。另外，一号坑 T2 方的一高级军吏俑，上身穿粉紫色长襦，下穿粉红色长裤。

中级军吏俑的服色：二号坑 T4 试掘方出土的一俑，身穿绿色长襦，领和袖口分别镶白色、红色的缘。下穿红色长裤。冠和履为褐黑色。铠甲的领、边缘和背带上绘着精美的几何形图案。

战车上武士俑的服色：二号坑 T1 试掘方出土的战车上有三件武士俑，服色各不相同。御手俑身穿绿色上衣，外套褐黑色铠甲，下着粉紫色裤、绿色护腿。另两件俑一件穿红色上衣，下着蓝色裤、紫色护腿；另一件身穿绿色上衣，下身穿粉紫色裤，套着白色、深紫色护腿。

骑兵俑的服色：俑身上残存的颜色有的已粘附在泥土上。从残存的颜色看，这件俑身穿红色上衣，外披褐黑色铠甲，下穿蓝色长裤。

跪射俑的服色：二号坑 T10 试掘方的一俑，身穿粉绿色上衣，领和袖口为朱红色，下身穿天蓝色裤，套着粉紫色护腿，外披褐黑色铠甲。

立式步兵俑的服色：三号坑出土的步兵俑，从其身上残存的颜色遗迹看，有的身穿红色上衣，下穿绿色裤；有的身穿绿色上衣，下穿红衣或粉紫色裤。其铠甲均为褐黑色。

从以上几例各种不同身份、不同兵种的武士俑的服装颜色，可以获得这样几点认识：

第一，秦代的军队没有统一的服装颜色。车兵、骑兵、步兵三大兵种的服装颜色不统一，每一兵种内部成员的服装颜色也不一样，甚至一辆战车上的三件俑的服装颜色也不一致。总之，秦军服装的颜色是多种多样，各随所好，不拘一格。其原因是由于服装是自备的，不是由政府统一发的军服。

第二，秦军中当官的和一般战士的服装颜色没有等级的区分。秦军等级的区别在冠与铠甲两个方面。高级军吏头戴鹖冠，中级军吏头戴双板长冠，下级军吏戴单板长冠，一般士兵不戴冠。高级军吏身穿彩色鱼鳞甲，中级军吏穿带彩色花边的铠甲，下级军吏和一般士兵的铠甲没有彩色图案，一般士兵铠甲的甲片较下级军吏的甲片大、札叶少。

2. 秦俑服色小计

根据已出土陶俑身上存在的颜色残迹，对各种服色作了数量统计。从中可看出当时服装的主要流行色，也就是说秦人最喜爱的颜色。

上衣的颜色：从俑身上保留的颜色残迹，可明确其上衣的颜色者共二百七十七件。其中绿色一百一十八件（42.6%）、红色八十八件（31.8%）、粉紫色五十二件（18.8%）、天蓝色十六件（6%）、白色二件（0.7%）、褐黑色一件（0.4%）。由此可见，绿、红、紫三色最多，其次为天蓝色，白、褐黑色为个别现象。

下衣的颜色：从颜色残迹可明确俑下衣的颜色者四百二十五件。其中绿色二百二十三件（52.5%）、红色七十八件（18.4%）、天蓝色六十一件（14.4%）、粉紫色五十件（11.8%）、白色十三件（4%）。

护腿的颜色：从颜色残迹可明确其服色者一百七十七件。其中绿色一百零二件（57.6%）、粉紫色二十九件（16.4%）、红色二十件（11.3%）、天蓝色十九件（10.7%）、白色七件（4%）。

围领的颜色：可明确其颜色者一百八十二件。其中绿色六十八件（37.4%）、粉紫色六十件（33%）、朱红色二十六件（14.3%）、白色十八件（9.9%）、天蓝色十件（5.5%）。

袖口的颜色：可明确其颜色者二百三十九件。其中绿色九十九件（41.4%）、粉紫色八十件（33.5%）朱红色四十七件（19.7%）、天蓝色八件（3.3%）、白色五件（2.1%）。

从上面的统计数字，人们大体可以了解两千多年前秦人最喜欢的服装颜色是绿、红、紫、蓝四色。这是当时的主要流行色，其中以绿色占的数量最多。

秦人对上衣和下衣的颜色非常注意色彩的搭配。绿色上衣配着天蓝色、粉紫色或红色裤；红色上衣配着绿色或天蓝色裤；天蓝色上衣与红色或粉紫色、绿色裤相搭配。另外，对上衣的衣缘也非常注意色彩的变化。如绿色的上衣配着朱红或粉紫色的领和袖缘，红色的上衣配着白色领、绿色或粉紫色的袖缘。秦人颜色的搭配采用强烈的对比色，色调明快，服色绚丽。秦的服色给人的感觉和精神力量是热烈、喜悦、活泼，而且沉稳。

服装的颜色代表着一个民族的审美观和思想感情。服装的颜色是随着时代的变化和生活习尚的变化而不断发展变化的。同一时代、同一民族又有时尚色和民间流行色的区别。中国历代都有时尚色。传说的黄帝时代尚黄，夏代尚青，商代尚白，周代尚红，秦代尚黑，汉及其以后各代均尚黄。

有人说秦代尚黑，为什么兵马俑的服色是五颜六色？这是把时尚色和流行色没有区别的误解。时尚色是当时认为最尊贵的颜色，绝不是说要求全国人民都穿一样颜色的衣服。秦始皇统一全国后把黑色作为最尊贵的颜色，有重大的祭典活动皇帝要穿黑色的服装。秦俑坑武士俑的服色属于流行色。时尚色多含有政治或道德、伦理等诸方面的因素。流行色则是反映人们的审美情趣，是单纯对色彩的爱好、欣赏的反映。秦俑的服色反映了当时人们审美观点的趋向。

在阶级社会里，什么阶层的人穿什么颜色的衣服是有严格规定的。例如，一般平民百姓只能穿白色、青色的衣服。秦王朝时期打破了这个限制。这是因为自春秋、战国之际开始，随着奴隶制度的瓦解，旧的一套反映奴隶制等级观念的服饰制度已随之崩溃。战国至秦王朝时期是封建社会的初级阶段，一套适应封建地主阶级等级制的服饰制度尚未完全确立，因而反映在服饰的颜色上“与民无禁”，没有严格的等级限制。这种情况一直延续到西汉初期。到西汉中后期在衣服的颜色和质地上才有不同的禁限，等级差别才较明显。

注　释

[1] 秦俑考古队《秦始皇陵东侧第一号兵马俑坑试掘简报》，《文物》1975年第11期。《秦始皇陵东侧第二号兵马俑坑钻探试掘简报》，《文物》1978年第5期。《秦始皇陵东侧第三号兵马俑坑清理简报》，《文物》1979年第12期。《秦始皇陵兵马俑坑一号坑发掘报告（1974—1984）》，文物出版社1988年版。

[2] 聂新民《秦俑铠甲的编缀及秦俑的初步研究》，《文博》1985年第1期。申茂盛《浅论秦俑铠甲》，《文博》1990年第5期。

[3] 马明志《古今罕见的石质甲盔》，《中国文物报》1999年10月31日。

[4] 李秀珍、郭宝发《韦弁服考》，《秦文化论丛》第二辑，西北大学出版社1993年版。

[5] 本节资料的主要来源见袁仲一《秦俑的彩绘颜色》，《文史与书画》1999年第2期。另见袁仲一《秦始皇陵兵马俑研究》269～274页，文物出版社1990年版。

七 兵马俑与秦始皇陵

（一）秦始皇陵园的建筑布局

1. 秦始皇陵园考古的新发现

1974年秦兵马俑坑发现后，自然地引起人们对秦始皇陵园考古勘探与研究工作的重视。因为只有搞清整个陵园的建筑布局，才能更清楚地了解兵马俑坑在陵园中的地位和作用。经过二十多年来的考古勘探，在秦始皇陵园内外已发现各种大小不等的陪葬坑和各种墓葬共五百余座以及数百万平方米的地面宫殿建筑遗址。现将一些重大的考古发现简要介绍如下：

（1）陪葬坑。陵园内外已发现的大型陪葬坑除兵马俑坑外，还有铜车马坑、石铠甲坑、百戏俑坑、马厩坑、珍禽异兽坑以及各种各样的府藏坑等。

铜车马坑：位于陵墓封土的西侧，面积达3000余平方米。经局部试掘，出土两乘大型彩绘铜车马。车马的大小相当于真车马的二分之一。每乘车都是由三千多个零部件组装而成，重1000多公斤，其中金银饰件重约7公斤。两乘车的形制不同。一号铜车的车前驾有四匹铜马，车上立一高柄铜伞，伞下有站立的铜御官俑一件。车上配有铜弩、铜箭、铜盾。二号铜车的车前亦驾有四匹铜马，车舆类似后代的轿车形，四周封闭，上有龟甲形的车盖。车的两侧及前边各有一窗，后边有门，门窗均可自由开合。车分为前后两舆，前舆内有跽坐的铜御官俑一件。两乘车均通体彩绘，并有大量的金银饰件。一号车古名立车，二号车古名安车，是皇帝车马仪仗队中的两乘车。车马的驾具齐全，形象逼真，与真车无异，为研究皇帝的舆服制度提供了具体的实物资料[1]。

石铠甲坑：位于陵墓封土的东南角内外城垣之间，面积达12900平方米。经局部试掘，已出土石质铠甲九十领、石盔三十六顶以及一批车马器。石铠甲、石盔均由各种不同类型的青石片用铜丝编缀而成。其大小和编缀方法与真实的盔、甲完全相同。石甲的类型很多，对其中的部分甲和盔进行了提取修复。已修复好的一件石甲由六百一十二块石片组成，重达20公斤。已修复好的一件石盔由七十四块不同形状的石片组成，重3815克。石甲、石盔缺乏韧性，石片易于破碎，何况重量过大，因而推断不是实用物，当为冥器[2]。

百戏俑坑：位于石铠甲坑的南侧，两坑相距约40米。该坑的面积约800平方米。经局部试掘，在面积约9平方米的范围内出土陶质百戏俑十二件，另外，还出土大铜鼎一件。百戏俑的大小和真人相似，下身穿着短裙，其余全部裸露。现已提取修复了三件。其中一件身体硕壮，双足一前一后分张，右臂举起作托物状，疑为扛鼎俑。该坑曾伴出一大铜鼎，重212公斤，原置于坑顶的棚木层上，因棚木被焚落于坑下的填土中。该鼎疑为此俑象征性的道具。另一件俑是大力士的形象，腹大如鼓，双臂及胸部的肌肉疙瘩暴起。他双足分张，双手置于腹前握持腰际的前搭。左臂与躯干间有圆孔，孔内原插一高竿，竿上当另有演员作竿技表演。此俑为持竿的力士俑。竿技古名缘橦，或名寻橦、都卢寻橦。第三件俑身体比较瘦小，是属于技巧型的演员。他双足伫立，双手交垂于腹前，是演出前的准备姿态。另外，未修好的俑中还有旋盘等各种不同姿态的俑。这对了解秦宫廷的娱乐生活以及秦代人体造型都提供了崭新的资料[3]。

马厩坑：有大型和小型两种。大型马厩坑平面呈曲尺形，面积 2000 余平方米。经局部试掘，发现坑内埋的全是真马，并有身高 1.9 米的大陶俑。小型马厩坑已发现九十八座。每座坑内埋有一匹真马，马头前放有陶盆、陶罐，盆内有谷子和草。马头旁边的小龛内有一身高 70 厘米左右的跽坐俑。俑前放有陶灯、铁镰、铁锸等物。出土的陶器上刻有“大厩”、“中厩”、“宫厩”、“左厩”、“小厩”等文字，表明马厩坑象征宫廷的厩苑[4]。

珍禽异兽坑：已发现三十一座。试掘四座，出土有瓦棺，棺内有鹿、麂等动物遗骸，另外还出土有跽坐陶俑[5]。

其他还有许多大型陪葬坑，因未试掘，内涵不清。

(2) 陵园建筑遗址。已发现的建筑遗址有内外城垣、门阙、寝殿、便殿、园寺吏舍以及其他许多附属建筑。陵墓的封土现高 76 米（原高 115 米），周长 1390 米（原周长 2000 米）。封土的周围有内外两重城垣，内城垣周长 3870 米，外城垣周长 6321.59 米。现仅存墙基，基宽 8 米。外城的四面各有一门。内城的南、东、西三面各有一门，北边二门。门上均有门阙建筑。

寝殿、便殿遗址：寝殿位于封土的北侧，近似方形，面积 3575 平方米。周围有一圈粗砂铺的散水。遗址上覆盖着残瓦片及红烧土块，局部墙体残高 30～50 厘米。便殿遗址位于寝殿的北侧，四座建筑一组。一组组由南向北排列，组与组之间有石子路或青石路相连，占地面积约 39 万平方米，是一个宫殿建筑群。历年来曾出土大量的青石板、筒瓦、板瓦、瓦当及其他一些器物。

园寺吏舍遗址：位于西边内外城垣之间，共计有三组建筑，每组略呈四合院式。遗址上堆积着瓦片、灰迹、红烧土块。曾出土大量的云纹瓦当、筒瓦、板瓦、门蹲石、石柱础、错金银铜乐府钟、铜权、铜朱雀灯残件以及一些陶瓷器。有的陶瓷残器上刻有“丽山飤官”、“丽邑五斗崔”、“丽邑二升半、八厨”等铭文。它们说明这些建筑的性质是属于祭祀膳食等方面的附属建筑。

在陵园南侧有残长 1000 米、宽 40 米、残高 2～8 米的防洪堤遗址。陵园的西北角有面积达 75 万平方米的石料加工场遗址。陵园北侧有面积约 100 万平方米的建筑基址，似为建陵时的官邸。另外，陵北还有作为陵邑的丽邑遗址。

（3）陪葬墓。在陵墓封土的西北角有一甲字型大墓，在内城的北部东侧有陪葬墓三十三座，在西内外城垣之间有墓六十一座，在外城垣的东侧有墓十七座。十七座墓呈南北向一字形排列，考古队发掘了其中的八座。这八座墓均有棺椁，陪葬品丰富。其中一座墓的棺内放一柄青铜剑，未见人骨。其余七座墓内有五男二女。其中一女性尸骨完整，但上下颚相错，似被缢杀。另外六人身体均被肢解。死者年龄都在二十至三十岁左右。有的人推断这些人可能是被秦二世胡亥杀害的秦始皇的公子、公主。封土西北角的甲字形大墓可能是公子高的墓。其余两处墓地可能是秦始皇后宫人员的墓[6]。

（4）修陵人员墓葬区。现发现三个墓区：一位于始皇陵西南角的姚池头村北，墓地原长 100 余米，宽 12 米。因遭平整土地时破坏仅残存长约50厘米的一段，白骨凌乱，层层叠压。另一区位于陵西南角赵背户村西，有墓一百零三座。第三区位于陵西五金砂轮厂东侧，有墓二百余座。考古队对赵背户村墓地作了发掘，一个墓坑内埋二至三人，多者达十四人，多为屈肢葬，没有葬具和陪葬品，年龄多为青壮年。有的尸骨上置有残瓦片，瓦上刻有墓志瓦文。共发现十八件瓦文，刻有十九个人的籍贯和名字。这些人属于今山东地区者四地十人，江苏北部者一地二人，河南者三地三人，河北者二地四人，基本上都属于原来的山东六国地区，说明秦统一全国后曾从各地征调大批刑徒及民工来修筑陵墓[7]。

2. 陵园的建筑布局

秦始皇陵园有内外两重呈南北狭长的回字形城垣。内城的中部有条东西向墙将其分为南、北大小相等的两区；北区又有条南北向墙将其分隔为东、西两半。内外城垣之间又分为东、西、南、北四区。在上述各区及外城四周的建筑布局如下：

（1）内城南区。陵墓位于南区的中心。陵墓封土的北侧是大型寝殿建筑以及车马坑、府藏坑；封土西侧有铜车马坑及两座大型府藏坑；封土南侧有三座陪葬坑；封土东侧有三座陪葬坑。

（2）内城北区。北区的西半部是便殿建筑群；东半部是陪葬墓区。

（3）内外城垣之间的四个分区。西区：由南向北依次是大型马厩坑、珍禽异兽坑、陪葬墓区、园寺吏舍附属建筑群。东区：百戏俑坑、石铠甲坑及一组内涵不明的陪葬坑。南区和北区目前未发现大型陪葬坑及建筑遗址。

（4）外城的四周。外城的东侧有一、二、三号兵马俑坑，九十八座小型马厩坑，十七座陪葬墓。外城的西侧有修陵人员墓地、打石场遗址、砖瓦窑址。外城的北侧有建筑遗址一处、府藏坑一座。外城的南侧目前未发现遗迹、遗物。

从上述建筑格局的分布情况可以看出如下两个问题：一是内城的南区是陵园的核心。二是内城垣内及外城的东西两区，遗迹、遗物的分布密集，是陵园的重点地区。整个陵园的布局中心突出，层次分明。陵园坐西面东，正门在东边。陵墓的封土和内外城垣的东、西门相对，由此构成一条东西轴线。大型陪葬坑多位于轴线的南侧，兵马俑坑位于正门外大道的北侧。

秦始皇陵园的建筑布局有不少新的特点和新的形制。陵园内不见帝后陵，而是秦始皇陵一墓独尊。这与历代帝王陵园是皇帝与皇后同茔异穴的丧制不同。陵侧设立寝殿、便殿以及陵邑制度的设置，为秦始皇陵园始创，并为汉代所继承。

（二）兵马俑与秦始皇陵

秦始皇陵园是根据什么思想理念设计的？这是了解陵园建筑布局的含义，其中包括兵马俑在陵园中的地位和作用的首要问题。秦始皇陵园的设计思想，概括起来有如下三个方面：

第一，事死如事生的理念。我国从原始社会起就产生一种宗教性的观念，认为人死后灵魂不灭。死是生活方式的转化，由阳世转到阴世间生活。因此人生前所需和所拥有的一切，死后也要有。所谓“事死如事生，礼也”（《左传·哀公十五年》）；“事死如事生，事亡如事存，孝之至也”（《礼记·中庸》）。违者就是非礼、不孝。这是安排人死后冥间世界的一条重要丧葬原则。

第二，国君的陵园若都邑。在阶级社会里陵墓的大小、高低及其布局，是权力、地位的标志。《吕氏春秋·安死》云："世之为丘垄也，其高大若山，其树之若林，其设阙庭、为宫室、造宾阼也若都邑。"这就是说国君陵园的设计是模仿都城的建制。

第三，至高无上的皇权观念。秦始皇统一全国后，自以为功德无量，为千古至尊。这种思想反映在陵园建设的规模和内涵上，就是追求前无古人、后无来者的效果。

以上三条是秦始皇陵园设计的指导思想和行动原则。前两条是秦王朝以前已有的传统观念，后一条为时代的特征，是专制主义中央集权制在全国确立的反映。

秦始皇陵园的建筑布局和一切设施，都是根据上述设计思想安排的。整个陵园象一幅都邑图。那高大的陵墓封土及封土下的地下宫殿，象征着秦始皇生前的咸阳宫；陵墓周围的内外两重城垣，象征着都邑的宫城及外郭城；陵墓的地宫内"上具天文，下具地理"，"宫观百官、奇器珍怪徙藏满之"（《史记·秦始皇本纪》）。整个陵园是秦始皇"普天之下莫非王土，率土之滨莫非王臣"思想的体现。

陵墓的北侧设有寝殿、便殿等大型宫殿建筑，殿内有起居衣冠象生之备，以像平生的正寝及休息闲晏之处的便殿、便室。秦始皇生前出行时有车马仪仗，死后则以铜车马来陪葬。秦始皇生前有上林苑等大型苑囿供其欣赏游猎，死后则以大批珍禽异兽坑来陪葬。秦宫廷内有角抵、徘优等百戏娱乐活动，陵园内设置百戏俑坑，有扛鼎、缘橦、旋盘等各种各样的杂技俑群。秦京城内外设有许多厩苑，养着大批良马供其御用，陵园内外则有大型马厩坑及众多的小型马厩坑来陪葬。秦都咸阳有各种各样的仓储，屯积着丰厚的物资，陵园内则有各式各样的府藏坑。

秦始皇生前住的咸阳城是驻有许多军队保卫的，而陵园内则设有石铠甲坑、兵马俑坑。兵马俑坑内有陶俑、陶马约八千件，像个庞大的地下军团，来保卫其在冥间世界的安全和维护一统的江山。总之，地下王国是地上王国的再现。

兵马俑仅是陵园众多陪葬坑中的一种，是陵园建筑格局中一个有机组成部分。有的人认为兵马俑坑不是秦始皇陵园的陪葬物。这种意见显然是不能成立的。秦俑的研究必须和秦始皇陵园的研究结合起来，这样才便于了解秦俑制作的目的。

秦俑的特点一是陪葬物；二是一支地下军队，是地上军队的缩影；三是一组大型的雕塑俑群。因为它是陪葬物，就决定了它特定的属主、特定的时代和作用。因为它是一支地下冥军，这就决定了其作用是保卫墓主的地下王国。因为它是地上军队的真实摹写，这就为人们研究秦军的兵种、编制、编列、装备和其他一些军事制度等提供了具体而形象的实物资料。聂荣臻元帅曾形象地概括说："这是个古代的地下军事博物馆。"因为它是一组大型雕塑俑群，又具有雕塑艺术固有的特性。也就是说它不是实物，而是实物的再现，其中包含着再创造的重要因素。以上三个方面是不可分割、紧密相连的。秦俑坑是一座古代军事宝库，也是一座艺术宝库。这两点又是服务于为秦始皇陪葬、代表统治者的意志和要求的。

秦俑的内涵极为丰富,目前的研究尽管已取得了丰硕的成果,但今后的工作仍然任重而道远。研究涉及的面很宽,但在深度上有待于加强。在理论和方法论的研究上有待于进一步提高。只有正确的理论和方法指导,才能高屋建瓴,促使研究工作深化。

对基础工作的研究还需继续努力。随着秦俑坑和秦始皇陵园考古勘探和发掘工作的扩展,今后必将还会有许多新的发现,为学者提供更多的实物资料,促使秦俑的研究进入更高的阶段。

注　释

[1] 参见秦俑博物馆、陕西省考古所《秦始皇陵铜车马发掘报告》,文物出版社1998年版。

[2] 马明志《古今罕见的石质甲胄》,《中国文物报》1999年10月31日。

[3] 张颖岚《百戏俑半裙半裸》,《中国文物报》1999年10月31日。

[4] 秦俑考古队《秦始皇陵东侧马厩坑钻探清理简报》,《考古与文物》1980年第4期。

[5] 秦俑考古队《秦始皇陵园陪葬坑钻探清理简报》,《考古与文物》1982年第1期。

[6] 秦俑考古队《临潼上焦村秦墓清理简报》,《考古与文物》1980年第2期。袁仲一《秦始皇陵考古纪要》,《考古与文物》1988年第5、6期。

[7] 秦俑考古队《赵背户刑徒墓钻探清理简报》,《文物》1982年第3期。

参考文献

1. 秦俑考古队《秦始皇陵东侧第一号兵马俑坑钻探试掘简报》,《文物》1975 年第 11 期。

2. 秦俑考古队《秦始皇陵东侧第二号兵马俑坑钻探试掘简报》,《文物》1978 年第 5 期。

3. 秦俑考古队《秦始皇陵东侧第三号兵马俑坑清理简报》,《文物》1979 年第 12 期。

4. 陕西省考古研究所、始皇陵秦俑坑考古发掘队《秦始皇陵兵马俑坑一号坑发掘报告(1974—1984)》,文物出版社 1988 年版。

5. 袁仲一《秦始皇陵兵马俑研究》,文物出版社 1990 年版。

6. 袁仲一、张占民《秦俑研究文集》,陕西人民美术出版社 1990 年版。

7. 秦始皇兵马俑博物馆《秦俑学研究》,陕西人民教育出版社 1996 年版。

8. 秦始皇兵马俑博物馆《论丛》编委会《秦文化论丛》第一辑至第七辑,西北大学出版社 1992 年、1993 年、1994 年、1996 年、1997 年、1998 年、1999 年版。

9. 张文立《秦俑学》,陕西人民教育出版社 1999 年版。

后　记

秦始皇陵兵马俑自发现以来已二十六年了，研究是伴随着发掘进程开展的。如今发掘和研究都取得了可喜的成果。由于发掘还要持续若干年，这就为研究工作带来了一定的局限。随着今后新的遗迹、遗物的陆续出土，各个研究专题目前所获得的结论，有的将得到验证或补充，有的也可能要作进一步地修正，争论较大的一些问题也可能逐步解决。

关于兵马俑研究方面的专著和论文，数量众多。在该书编写过程中，由于时间仓促和本人知识水平所限，一些重要的观点可能有所遗漏，对一些论点的评介也可能有失偏颇，甚至错误。敬请方家批评示教。

朱启新先生对本册的编写提纲曾提出许多宝贵的修写意见。文物出版社的周成先生为本书的修改、编排付出了辛勤的劳动。在此衷心地表示感谢！

本册所用照片由夏居宪先生提供，插图由秦俑考古队绘图室提供，吴学功、李新民同志帮助整理插图，张小妮同志帮助打印文稿，在此一并致谢！

图书在版编目（CIP）数据

秦兵马俑坑/袁仲一著．--北京：文物出版社，2003.6（2023.9重印）

（20世纪中国文物考古发现与研究丛书）

ISBN 978-7-5010-1393-7

Ⅰ.秦… Ⅱ.袁… Ⅲ.秦始皇陵-兵马俑-考古-中国 Ⅳ.K878.9

中国版本图书馆CIP数据核字（2002）第066933号

20世纪中国文物考古发现与研究丛书

秦兵马俑坑

著　　者　袁仲一

封面设计　张希广
责任印制　张道奇
责任编辑　周　成
出版发行　文物出版社
社　　址　北京市东城区东直门内北小街2号楼
网　　址　http://www.wenwu.com
印　　刷　文物出版社印刷厂有限公司
开　　本　850mm×1168mm　1/32
印　　张　7.5
版　　次　2003年6月第1版
印　　次　2023年9月第3次印刷
书　　号　ISBN 978-7-5010-1393-7
定　　价　40.00元